66の改革項目と事例でつかむ

議会改革
実践マニュアル

A Practical manual of Local council reform

[編著]
早稲田大学マニフェスト研究所
議会改革調査部会

第一法規

巻頭言

早稲田大学マニフェスト研究所顧問、早稲田大学名誉教授　北川　正恭

　2003年、早稲田大学に奉職して直ちに、早稲田大学にあるシンクタンク機構に「早稲田大学マニフェスト研究所」を設立した。当時は、社会全体が大きく構造転換していくような様相を呈していた。成長期から成熟期を迎えて、政治は「あれもこれも」ができなくなり、「あれかこれか」の選択を迫られていた。地方分権推進法が制定されてから10年近くが経過し、形式的な法整備、制度改革から実質的で具体的な改革が求められ始めていた。

　早稲田大学マニフェスト研究所は、地方の政治、行政、市民活動に特化して調査、研究するシンクタンク機能とそれを実践するドゥタンク機能を合わせもつ研究所を企図して出発した。その中から生まれた実践活動の１つが「ローカル・マニフェスト推進地方議員連盟」の発足であり、その連盟有志が主催する「マニフェスト大賞」であった。マニフェスト大賞は、地方分権時代にふさわしい自律的で主体的な活動に対して首長部門、議会部門、市民部門に分けて表彰するものである。2018年で13回目を迎えた。１回目の応募総数は221件であったが、今では2,200件を超している。

　ここ数年の議会改革の主要テーマは、議員報酬、政務活動費、議員定数の削減であった。社会の厳しい批判を浴びて量的削減は改革の主流となったが、早稲田大学マニフェスト研究所に「議会改革調査部会」を立ち上げ、真の議会改革とはどのようなものであるかを改めて世に問うていこうとなった。「量的削減」から「質的充実」に軸足を移して、マニフェスト大賞も形式的な改革だけでなく実質的な改革、実践を主流に表彰する方向に進化してきた。

　マニフェスト大賞を始めた頃は、まだ集権時代の執行部優先の考え方が議会にも深く浸透していて、私たちの運動は際物扱いをされたこともあったが、近年では受賞した議会に全国の議員が視察で殺到するという現象が起きている。

このことこそが、早稲田大学マニフェスト研究所の目指したドゥタンク機能であり、これを「善政競争」と称して全国運動を展開している。善政競争とは善い政治をしている議会を表彰することによってそれを見た他の議会が刺激を受けて自分たちも主体的に改革を進めようとする競争のことをいう。この運動を多くの議員の皆さんとともに現場で実践してきて、議員の皆さんの考え方が主体的になり、執行部の追認機関でなく別の選挙で選ばれた独立機関として、執行機関と機関競争（善政競争）をして住民の意見を反映していこうとする機運が急速に盛り上がってきているのを体感している。

　従来議員は、個人として選挙で当選して議員になることから議員活動は熱心にするが議長を中心に組織的に議会活動をすることはほとんどなかった。近年、大きく変わり始めたことは、議長を中心として議会事務局も参加した「チーム議会」としての活動が増えてきたことである。従来の執行権に対する監視機能だけでなく、議事を通じた決定機能と政策提案機能、それを補完する議員提案の条例制定など議会全体で取り組み、二元代表機能を発揮し始めている。

　本書は、ここ数年のこのような議会の大きな変化を議会改革調査部会のメンバーがまとめたものであり、さらにそれを進化させていこうとする研究成果を発表するものである。全国の地方議会に善政競争が起こり、地方議会から地方が変わり、地方から国が変わることに本書が些かでも貢献できれば望外のよろこびである。

目 次

巻頭言 ……………………………………………………………………… i

目次 ………………………………………………………………………… iii

この本の使い方 ………………………………………………………… vii

CHAPTER 1 **なぜ議会改革が必要なのか** ………………………… 1

CHAPTER 2 **議会改革度調査とは** ………………………………… 7

CHAPTER 3 **改革項目と先進事例** ………………………………… 11

1 基本項目 …………………………………………………………… 11

01. 議員定数 13

02. 平均年齢と期数 16

03. 女性議員の割合 19

04. 議会事務局職員数 22

05. 議員報酬 25

06. 政務活動費の支給と増減 29

07. 政務活動費の使途① 32

08. 政務活動費の使途② 36

COLUMN 飯綱町議会
人口減少時代だからこそ実施すべき
議会改革とは ……………………………… 39

2 情報共有 …………………………………………………………… 41

09. 会議録の公開 43

10. 議案関連資料の事前公開 46

11. 動画公開 49

12. 動画と資料の関連づけ 52

13. 賛否結果と理由の公開 55

14. 視察の公開 58

15. 政務活動費の公開 61

16. 政務活動費のチェック 64

17. 議会だより 67

18. 議会ウェブサイト 71

19. ＳＮＳ 74

20. 広報戦略 78

COLUMN **取手市議会**
〜議会愛〜議会事務局職員と議員の
コミュニケーション ……………………………… 81

3 **住民参加** ……………………………………………… 83

21. 傍聴機会 85

22. 傍聴・利用しやすくするための工夫 88

23. バリアフリー 91

24. 夜間・休日議会 94

25. 住民の発言機会 97

26. 参考人招致 100

27. 公聴会 103

28. 住民意見の反映 106

29. シティズンシップ 110

COLUMN **大阪府議会** 大阪府議会出前授業の取り組み … 113

30. 選挙公報 115

31. 住民との対話の場の開催 118

32. 住民との対話の場の意見反映 123

33. 住民との対話の場の意見政策　126

34. 住民との対話の場の参加増加　129

35. 住民との対話の場の充実　132

COLUMN　可児市議会
　　　　議会改革で住民の理解がこんなに変わった ……… 135

4　機能強化 ……………………………………………………………………… 137

36. 議会基本条例の制定　139

37. 議会基本条例の検証　142

38. 議会基本条例の改正　145

COLUMN　桐生市議会　議会基本条例制定後の次の一手 … 148

39. 議会改革の検討組織　150

40. 議会改革の実行計画　153

41. 議会改革の検証　157

42. 議長選挙　160

43. 議員提案条例　163

44. 修正案の提出と否決　166

45. 通年議会　169

COLUMN　加賀市議会　議会改革を推し進めるサイクル … 173

46. 反問権・一問一答方式　175

47. 議員間討議①　178

48. 議員間討議②　181

49. 所管事務調査　184

50. ホワイトボード　187

51. 議決事項の追加　190

52. 自治体計画　193

53. 地域経営に資する取り組み　196

54. 予算と決算　199

v

55. 外部サポート　202

56. 議会事務局改革　205

57. 議会の連携　208

COLUMN **大津市議会**
攻めの議会事務局〜事務局発の議会改革 ………… 211

58. 災害時の行動指針　213

59. 政治倫理　216

60. ICT 化（パソコン・タブレットの導入）　219

61. ICT 化（遠隔会議）　222

62. ICT 化（資料の電子化、検索機能）　225

63. ICT 化（データベースの活用）　228

64. 議会図書室改革　231

65. 議選監査委員の選択制　234

66. 多様な人材　238

COLUMN **芽室町議会　議会改革の未来** ………………………… 242

CHAPTER 4 **議会改革の進め方** ……………………………………… 245

議会改革度チェックシート ……………………………… 251

CHAPTER 5 **議会改革の展望** ……………………………………… 257

INDEX ……………………………………… 261

執筆者一覧 ……………………………………… 264

この本の使い方

内容と構成

　議会改革度調査を始めて8年が経ちますが、関心をお寄せいただいた議会や一般市民、報道機関の皆さんから「この設問はどういう意図があるのか」「この項目に関する傾向と先進事例が知りたい」など、今もなお、多くのお問合せをいただいています。

　そこで、この書籍では、議会改革度調査の設問についてわかりやすく解説するとともに、議会改革を進めたいと思われる方が少しでも実践しやすいよう、先進事例を一緒に掲載することを試みました。

　項目は全部で66に渡り、「基本項目」「情報共有」「住民参加」「機能強化」の4つの分野に分けて構成しています。各ページでは、①項目のキーポイント、②全国議会の現状と解説、③実践例とポイントをそれぞれ掲載しました。

　マニフェスト研究所は、「理論」だけでなく「実践」を重視しています。そのため本書では、解説だけでなく、実際に全国の議会で実際に行われている内容を届けられるよう「事例」を充実させることを心掛けました。実践例は、議会改革度調査を進めるなかで、全国の議会の皆さんにたくさんの情報を提供いただいたものです。つまり、この書籍は全国の議会の生きた知恵でできているともいえます。

改革の進め方

　議会改革項目は66と多岐に渡りますが、もちろん、すべてを実践する必要はありません。議会のあり方は、その自治体自身が決めることですので、千差万別、多種多様であってよいと思います。

　議会改革を体系立てて計画立案してみたいと思っている方は、すべての項目を網羅して読破していただいてもかまいませんし、議会として弱い分野がすでに分析できている方は、その項目だけをピックアップして一点突破で取り組んでいただいてもかまいません（一点突破から全面展開につなげる議会も多くあ

ります）。

　また、どこから手をつけてよいかわからない方は、CHAPTER 4 に資料として掲載している「議会改革度チェックシート」を使用することをお勧めします。まずは、実際にご自身の議会で取り組んでいる内容をチェックすることから始めてみましょう。ご自身の議会で進んでいる分野、改善の余地がある分野を知ることができます。そして、チェックが少なかった分野の項目について読み進め、改革の手がかりとしていただくのもよいかもしれません。

　この書籍を使っていただくことで、1 つでも多くの議会が「議会改革を体系立てて学び」、「ご自身の議会の取り組むべき内容を知り」、「先進事例をもとに実践につなげる」ことができれば、この上ないよろこびです。

なぜ議会改革が必要なのか

早稲田大学マニフェスト研究所招聘研究員、環太平洋大学准教授　林　紀行

1　なぜ、議会改革が必要なのか

（1）地方自治体を取り巻く厳しい社会環境

　近年、地方自治体を取り巻く環境は急速に変化しています。その一番の要因は、日本が人口減少社会に突入したということです。2030年には、すべての都道府県で人口が減少し、2045年までに総人口は1億642万人になるという予測が出ています。参議院議員の選挙区では、鳥取県と島根県、高知県と徳島県が合区となり、これまで手がつけられていなかった都道府県の仕組みさえも、聖域ではなくなってきました。

　人口減少と低調な日本経済が地域間格差を拡大させ、地方から活力が失われつつあるという指摘があります。我が国の自治体規模は多様ですが、人口分布には顕著な傾向が見られます。東京を中心とした首都圏では、人口が増えている地方自治体が一般的であるのに対し、それ以外の地方自治体では人口減少に歯止めがかからず、共同体機能を失った限界集落が1万か所を超えるまでになりました。少子高齢化がこのまま進むこともあり、2040年までに900近い地方自治体がなくなるという「自治体消滅論」まで登場しました。

（2）地方分権改革

　こうした地域間格差は、地方分権との関連でどのように考えればよいでしょうか。地方分権の契機となったのが、2000年4月に施行された地方分権一括法でした。この法律は、地方自治法を中心に、475本もの法律を一度に改正する大がかりなものでした。国と地方の関係を「上下・主従」から「対等・協力」

に転換し、住民にとって身近な行政は、できる限り地方が行うことになりました。具体的には、「国の出先機関」であった機関委任事務が廃止され、地方自治体が処理する事務は、自治事務と法定受託事務に再編されました。

地方分権一括法により、国と地方の大枠の関係が整理されると、地方分権の流れに沿って、基盤整備が行われました。なかでも、2007年に地方分権改革推進委員会がとりまとめた「地方分権改革推進にあたっての基本的な考え方」は、かなり踏み込んだ内容の提言を行っています。そこでは、「地方が主役の国づくりを実現するには、自治行政権、自治財政権、自治立法権を十分に具備した地方政府を確立する必要がある」という方針が示されました。これは、これまでの中央と地方の「上下・主従」の関係ではなく、「中央政府」と「地方政府」が対等な関係になることを意味しています。

（3）議会機能の強化へ

こうした一連の改革により、地方自治体はさまざまなことを自分で決められるようになりましたが、同時にその責任も重くなったといえます。これまでは、何か失敗があったとしても、国がそれをカバーしてくれましたが、成功することも失敗することも自己責任となったのです。中央集権下における「国対地方」の対立構造のなかでは、地方がすることにはあまり関心が向けられてきませんでした。しかし、地方分権が進むと、これまで表に出てこなかった地方自治体の運営にもチェックが入ることになります。首長と地方議会の関係の見直しも必要となるでしょう。そこで、重要となるのが、地方議会の役割です。

地方自治体では、ともに住民から選出された代表である首長と地方議会が車の両輪となって地方自治を推進するという「二元代表制」の仕組みが採用されています。日本国憲法93条では、地方議会は、地方自治体の意思を決定する「議事機関」として位置づけられ、同94条では、地方の自主立法である条例の制定権を地方議会に付与しています。これらの規定がもつ意味は、とても重いものです。地方自治体の意思を決定する最終責任は、首長ではなく、地方議会にあるのです。

CHAPTER 1 | なぜ議会改革が必要なのか

（4）二元代表制の実態

　憲法が定める議事機関としての具体的役割は、「監視機能」と「立法機能」に分けられるとされています。監視機能は、執行機関の不正や不適切な行政運営をチェックし、制度や運営の改革全般の是非もその対象とするものです。また、立法機能としては、住民の意見を吸い上げ、それを地域の課題として政策にまとめ、条例制定などによって課題解決を図っていくことが求められます。

　特に、住民の意見を吸い上げ、意見をまとめあげる過程は、重要です。首長が独任制であるのに対して、地方議会は複数の議員から構成される合議制の機関であることにポイントがあります。議会報告会や住民との対話など、さまざまなチャンネルを用いて、住民の意見を吸い上げ、課題や論点を明らかにしながら、討論を通じて合意を形成していかなければなりません。

　ところが、その現実を見ると、期待される役割を果たしているとはいえない状況にあります。例えば、全国市議会議長会が行った「平成29年度市議会の活動に関する実態調査結果（平成29年1月1日～12月31日）」によると、市長提出による議案のうち、その約99％が原案通り可決・同意・認定・承認となっており、修正や否決された議案はごく少数にとどまっています。また、議員提出による条例に関する議案は687件、委員会提出による条例に関する議案は292件しかなく、新規の政策的条例案は、議員提出が143件、委員会提出が34件しかありませんでした。もちろん、こうした状況に対しては、事前に協議を十分にしたうえで、首長が議案を提出しているので、原案通り可決となる割合が高いとか、執行部に働きかけて、首長提案で条例を制定しているなどの反論があるでしょう。国の下請機関ではなく、「地方政府」の確立が求められている今日、はたしてそれでよいのかということを考えてみる必要があります。

2　議会改革の展開

（1）議会改革を進める要因

　現在、多くの地方議会で、改革が進められていますが、議会改革が進む第一の要因は、「地方分権の推進」にあることはいうまでもありません。次に、第

3

二の要因として、「首長による自治体経営」をあげることができます。2003年の統一地方選挙を皮切りとして、マニフェストを掲げて立候補し、当選後には、そのマニフェストを起点として、強力なリーダーシップを発揮し、自治体経営に乗り出す首長が登場しました。住民と直接結びついた首長は、マニフェストに掲げた政策を次々に実現していきます。すると、議事機関としての議会の役割が問われることになりました。このままでは、地方議会は首長の追認機関になってしまいます。そこで、「オール与党体制」をなくし、首長との間で激しい議論を交わすようになりました。これは、マニフェストによってもたらされた首長と地方議会の緊張関係が、二元代表制を機能させていくことにつながったことを示しています。

　また、もう1つの大きな変化は、ICT社会の到来です。ICT化により、ありとあらゆる情報が瞬時に発信者から受信者へという一方向だけでなく、ネットワークのように広がっていきます。そうなると、情報非公開の仕組みで守られてきた制度は、変革を迫られることになったのです。こうした社会の流れは、地方自治体と住民間に存在した情報の非対称性をなくすことにもつながりました。そして、その結果、新しい形の民主主義が生まれることにつながります。これを「オープンガバメント」といいます。

　この「オープンガバメント」の流れに、地方議会も対応する必要があります。これまで、長くつとめてきたベテラン議員が、その知識と経験を重宝され、ボスとして君臨してきました。ところが、誰でも情報を利用することができるようになり、地方議員に求められる資質が変わり始めました。情報を持っている人ではなく、情報を分析し、それを政策にまとめあげる能力が重要になったのです。その具体的な問題として、政務活動費をあげることができます。その前身の政務調査費を含めて、その使途は、なかなか公開されてきませんでした。昨今では、一部の地方議会では、領収書をインターネット上で公開するようになりました。これにより、誰でも、いつでも、どこでもその内容をチェックできるようになったのです。そうなると、政務活動費は、本来期待されている「政策をつくること」や「議員の資質を高めること」の目的のために使われる

ようになり、議員の政策立案能力も高くなっていくはずです。

（2）「開かれた議会」

　地方自治体を取り巻く環境変化によって、地方議会は住民の代表機関にふさわしい活動を求められるようになりました。改革のキーワードは、「開かれた議会」です。「開かれた議会」は、福祉や環境など、特定の政策を志向するものではなく、住民に対して開かれているというところにポイントがあります。その本質を考えるうえで、先進事例を分析していくと、構成する要素として、「情報共有」、「住民参加」、「議会機能の強化」が共通しています。

　「情報共有」とは、議会活動、特に政策決定過程に関する情報を公開し、住民と共有することをいいます。具体的には、議事録や議会映像に加え、審議資料や議案に対する議員個人の賛否などがその対象となります。また、政務活動費や議長交際費など、議会自身の情報を対象とする側面もあります。

　次に、「住民参加」とは、議会が行う活動に住民が参加することをいいます。具体的なものとしては、議会で行われる本会議や委員会の傍聴やその環境整備などです。また、議会報告会やアンケート調査など、議会が能動的に行う住民参加の手法もあります。

　最後に、「議会機能の強化」とは、二元代表制下で、議会に求められる役割を果たすために必要な条件を整備することを意味します。具体的には、議会権限の確立、質疑形式の見直し、議会事務局のサポート体制の確立、運営ルールの整備などがこれにあたります。

（3）「開かれた議会」の先へ

　地方議員の数は、大きく減ったにもかかわらず、いまだに定数や報酬の削減が求められます。住民からすれば、地方議会などなくても困らないということでしょう。議員定数を削減する流れは、いまだに進んでいます。「行政の効率化に合わせて地方議会も効率化を」というのは、一面ではその通りかもしれませんが、それを同列で論じていいのかということを考えなければなりません。

議員定数に正解はありませんが、この15年間で市区町村の議員数はほぼ半減しています。それにもかかわらず、この状況が続けば、「自治体消滅」よりも「地方議会消滅」の方が先に起きるかもしれません。実際に、高知県大川村のように、町村総会のあり方を検討するところも出てきました。

　憲法に定められた議事機関としての役割を明確に意識し、住民自治に根ざした地位を確立することが地方議会には求められています。それが、「開かれた議会」です。「開かれた議会」論は、一定の影響力を持ち、多くの地方議会が情報共有、住民参加、議会機能の強化に取り組みました。その結果、10年前と比較すれば、地方議会の姿は大きく変わり、旧来型の議会は少なくなってきました。

　ところが、ここで1つの問題にぶつかります。改革を進めても、進めても、住民の信頼はなかなか得られません。議会改革の先にあるものは、何なのでしょうか。いわゆる「改革の壁」です。おそらく、その答えは、画一的なものではないと考えられますが、そのヒントとなりそうな考え方は、「住民に寄り添い、その思いを実現する議会」です。これまで、情報を公開し、住民参加を促進し、機能を強化したところが、「開かれた議会」になってきました。これは、いわば、「地方議会の体質改善」です。ここから問われることは、住民から寄せられた意見をどう整理し、その実現を図っていくのかということです。つまり、自分自身の「体質改善」から住民の暮らしがよくなることに貢献できたのかという「成果」が重要となってくるでしょう。その「成果」を積み重ねることで、「開かれた議会」の次のステージへの扉が開くのだと考えられます。

CHAPTER 2

議会改革度調査とは

早稲田大学マニフェスト研究所事務局長　中村健

　2000年に制定された地方分権一括法により都道府県市区町村（以下、「地方自治体」）と国との関係性は大きく変化しました。国が地方自治体の政策や予算を考え地方自治体はその事務執行機関でしかなかった機関委任事務が廃止され、国の事務は法定受託事務として、その他の事務は自治事務として政策面でも財源でも地方自治体の独自性が出せるようになったのです。地方自治体の事務がこのように変化するのですから、当然、議事・議決機関の議会の存在意義や役割も2000年以降は従来と大きく異なってくることとなります。地方分権一括法施行後、議会のあり方を検討してきた栗山町議会が2006年に全国初となった「議会基本条例」を制定したことは全国の地方議会にとって衝撃でした。

　その後、栗山町議会へ全国の議会からの視察が殺到し、議会の存在意義や役割に目覚めた議会が自身の議会活動を活発化し始めました。やがて、多くの議会で議会基本条例が制定され従来の議会活動を改める活動（いわゆる議会改革）が巻き起こりました。

　2009年、早稲田大学マニフェスト研究所は活動が活発になっている議会（いわゆる議会改革の先進議会といわれる議会）の議会基本条例や活動内容を調査し「何のために」「何を」議会が行っているのかについて研究するための『議会改革調査部会』を立ち上げました。

　議会基本条例を比較してみると、いくつかの共通項が見つかりました。
　いずれの議会基本条例にも「住民に開かれた議会を実現する」と記されています。この"議会を開く"ために何をするのかをまとめてみると「①議会の情

報をオープンにする（情報共有）」、「②住民の意見を聴く機会を設ける（住民参加）」、「③情報共有や住民参加を推進するために従来の議会の制度を改めたり新規に整えたりする（機能強化）」の①～③をバランスよく進めようとする議会が多いことがわかりました。そこで、議会改革度調査では「情報共有・住民参加・機能強化」の３項目を軸とし、各項目を設問に変換し、具体的な活動を調べ、その取り組み度合いや内容を調査することにしました。

　しかし、調査を進めるにつれ「住民へ開かれた議会が実現するとどうなるのか？」、「何のために議会を開くのか？」という疑問が湧いてきました。すなわち、議会活動のゴールは「住民に開かれた議会を実現すること」ではなく「開かれた議会を実現することによって何か変化が起こるが、その変化がもたらすものは何か」と考え、"開かれた議会のその先"に議会活動のゴールがあるのではないかという仮説を立てたのです。

　全国の地方自治体議会を対象に2010年度からウェブアンケート調査を開始しました。そして、回答項目に配点し総得点の高い議会から順にランキング形式で上位議会を公開することにしました。総得点については、情報共有・住民参加・機能強化がバランスよく整って進められて初めて住民へ開かれた議会が実現するのではないかと考えるため、算出方法を３項目の得点の「和」ではなく「積」によって順位をつけることにしました（例えば、和で計算した場合に住民参加は突出して得点が高いが情報共有や機能強化が極端に少ない議会の場合であっても総得点では上位になるケースが考えられるが、制度設計を整えないまま実行してしまっても住民に対して成果を出すのが難しいと判断した）。

　また、調査を実施するにあたり「調査の限界」も見えてきました。それは、議会活動のための形式要件は調査することができても、形式要件を整えた結果が住民や地域に対してよかったのかどうかまでは調査ができないということです（例えば、議会基本条例を制定したら議会の形式要件は満たすが、議会基本条例を制定したことが地域や住民にどのようなプラスの変化をもたらせたのか

CHAPTER 2 | 議会改革度調査とは

ということまではわからない)。

　しかし、地域の課題が解決されたり、住民の不安が減少したり、地域の未来創造につながるような動きが芽生えてくるためには、それらを促すような議会活動がなければ、こうした成果は生まれてきません。二元代表制をとる地方自治では、首長の執行機関と議会の議決機関とが切磋琢磨して刺激し合いながら競争して最善の方策を見つけていかなければなりません。換言すれば、議会は住民や地域にとってプラスの変化を出すためには議会に与えられている権限を発揮しなければならず、そのためには住民の意見を聴く仕組みや住民と情報を共有する仕組み、制度を修正したり立案したりする等の活動をすることが自ずと必要になります。議会が活動して初めて成果につながるのであるならば、議会改革度調査で調べている議会の活動内容や取り組み度合いも意義があると考えています。

　ランキングを公表しているのには理由があります。2009年頃、議会関係者の多くから「自分の議会は結構頑張っている」という声が聴かれましたが、弊所はこの言葉に危機感を持ったのです。「自分たちはやっている」という言葉は、裏返せば「さらに改善を重ねていく」という積極的な姿勢になりにくいと考えたからです。そこで、「全国の議会がどのような活動をしているのか」、「自分たちの議会の活動は全国の他の議会のそれと比較すると、どのあたりに位置するのか」、「自分たちより上位の議会はどのような活動をしているか」などに関心を持っていただくことを目的に上位議会に限定してランキングを公開しています。2016年度からは上位議会と自身の議会との活動比較が一目でわかるようにレーダーチャート化し、議会事務局へお渡ししています。

　以上のように、議会改革度調査は「全国の地方議会の活動が住民や地域が抱える課題の解決に寄与する活動に進化していく」ことを目的として活動してきました。

9

CHAPTER 2 | 議会改革度調査とは

　議会改革の初動期には、議会活動の可視化や住民への浸透につながると思われる項目を中心に調査に取り組みましたが、それは主に形式要件を整えることでした。そして、その活動が議会改革だと思い、取り組んでいる議会が多くありました。

　ところが、活動が活発になり議会の形式要件も整ってきた時点で「自分たちは頑張っているのに住民からの議会への評価は悪いまま変わらない」と気づく議会が登場し、そこから「自分たちが議会として活動した結果、住民や地域にとって何がよくなったのか」と考え、「何のためにこの活動をするのか」という目的や活動のゴールを定めて体系立てて取り組む議会が増えてきました。

　内向きの議会改革から、地域の課題を解決する議会へと立ち位置が変わってきたのです。このように、今もなお議会改革は進化しており、議会改革度調査の内容や分析テーマも年々バージョンアップし続けています。

CHAPTER

3

改革項目と先進事例

1 基本項目

「基本項目」とは

　「基本項目」は、議会改革度調査を実施・集計するにあたっての、各議会の基礎となるデータです。「基本項目」として、議員定数、議員の平均期数・平均年齢、女性議員の占める割合、議会事務局の職員数、議員報酬の額、政務活動費などを調査項目としています。原則として「基本項目」への配点は行っていないため、議会改革度ランキングの得点や順位に反映されません。

「基本項目」の視点①〜削減が改革ではない

　「基本項目」では、現状の議員定数、議員報酬と政務活動費の額とともに、それらの直近の増減についても調査しています。昨今、議会改革の一環として、さまざまなものを削減しスリム化を志向する議会が多く見られますが、「削減＝改革」ではないと私たちは考えています。充実した議会活動を行うために、その地域、自治体、そして議会にあった定数や報酬額があるはずです。また、調査研究のためには政務活動費も必要でしょう。あるべき姿を見極めるために、議会内、そして住民の意見を聞きながらきちんと議論し、後々の形骸化を防ぐためにも条例で定めることが大切です。

「基本項目」の視点②〜議会事務局職員の充実を

　二元代表制の一翼を担う議会を支えられるのは、議会事務局職員です。財政難のなか、全国どこを見ても、自治体は予算や人材が限られていますから、な

11

かなか声高には事務局の充実を叫びにくいかもしれません。

　しかしながら、これからの議会においては、議会事務局職員の数・質両面の充実が欠かせません。積極的にその増員を働きかけたり、それでも不足してしまう部分は外部機関のサポートや連携を図ったりするなどして、さまざまな形で補うことが必要です。

「基本項目」の視点③〜多様な人材が議員になりやすい環境づくりを

　現状の議会の構成は、男性議員が多くを占め、また、全体的に年齢層が高い方に偏っている傾向にあります。しかし、議会は本来的には多様な民意を反映する住民の代表機関でなければなりません。このことから、議会自ら、多様な人材が議員になりやすい環境づくりを模索することが求められるのではないでしょうか。

議員定数

> **Key Point**
>
> 地方議会議員の定数は、それぞれの自治体の条例で定めることができます。全体の傾向として、定数は減り続けていますが、定数の削減＝改革ではありません。住民自治を充実するための定数のあり方を、住民に開かれた形で議論し、そのうえで定めましょう。

議員定数は条例で定められる

　地方議会議員の定数は、自治体の条例により自由に決めることができます。地方自治法は、「都道府県の議会の議員の定数は、条例で定める」（90条）、「市町村の議会の議員の定数は、条例で定める」（91条）としています。

　過去、地方議員の定数は、地方自治法により人口区分に応じて上限数が定められていました。しかし、2011年の同法の改正により上限数の法定が撤廃され、各自治体が条例で自由に定められるようになりました。

　これは、第29次地方制度調査会における「議会制度のあり方については、できる限り選択の余地を認める方向で見直しを行うことも、議会の機能の充実・強化に資するものである」「議会制度の自由度を高めるため、定数の決定は各地方公共団体の自主的な判断に完全に委ねることとし、法定上限を撤廃すべきである」等との答申を受けての法改正でした。

削減が改革なのか

　近年では、議員の不祥事に対する不信感、議会不要論などから、議員定数を削減する傾向が続いています。また、自治体の財政悪化から効率的な議会運営が叫ばれ、議員定数を削減する動きが加速しました。

議会改革度調査では、次期改選時の議員定数の増減について確認しています。結果、「減員する」が9％で、「増員する」の0.1％を大きく上回りました（2017年度時点）。ちなみに増員したのは、熊本県議会の1議会のみで、これも合併の関係で1人削減したものを人口推計の変化に対応するため再度1人増員した（定数を戻した）というものでした。

人口減少時代において、これまでにない課題に行政が直面するなか、議事機関である議会の役割は大きくなっています。住民自治の充実はこのような時代だからこそ重要であり、住民の代表機関である議会の議員定数を削減し続けることには疑問が残ります。しかしながら、総務省資料を見ても（図参照）、全国の地方議会議員数が減り続けていることがわかるでしょう。削減ありきが改革ではありません。コスト削減のための定数削減をするのではなく、充実した議会活動を行うという観点から議員定数のあり方を議論しましょう。また、議員定数について検討する際には、住民に開かれた場で議論し、住民から理解を得られるよう努力することも重要です。

（図）地方議員数の推移

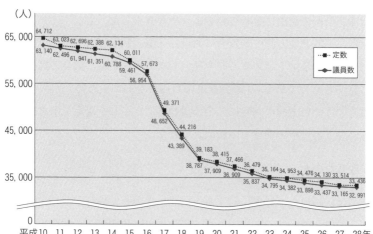

（出典）総務省「地方議会・議員に関する研究会 報告書」

1　基本項目［01.議員定数］

実践例とポイント

[長野県飯綱町議会]
議員定数・報酬について議論

　飯綱町議会は意欲的な議会改革を進めており、2016年より毎年「飯綱町議会白書」としてその活動を詳細に公開しています。議員定数・報酬問題についても、2013年から約3年にわたり特別委員会において議論を重ね、議員定数は15名の現状を維持し、報酬は増額することを決定しました。

　この取り組みのポイントは、住民に対して「議員定数・報酬問題に関する飯綱町議会から町民の皆さまへの訴え」を公表し、さまざまな比較・分析データと議員の活動内容を詳細に紹介するとともに、町民との意見交換の場を複数回にわたり開催したことです。

　この結果、議員定数だけを見ると、長野県町村議会平均の人口同規模（14名）、全国町村議会平均の人口同規模（13名）いずれよりも多い数となりますが、飯綱町が将来ありたい姿や議会活動と住民自治の充実を考え、15名の現状維持としました。丁寧な説明を行うことで、住民も納得できる形で議員定数を定めることができました。

15

CHAPTER 3 | 改革項目と先進事例

02 平均年齢と期数

Key Point

地方議会議員選挙は、25歳以上の日本国民であれば立候補することが可能です。しかし、議員の平均年齢は高い方へ偏っている傾向にあります。多様な民意を反映するために、誰もが立候補しやすい環境づくりを進めましょう。

平均年齢は、56歳以上が9割超

　公職選挙法では、議会議員選挙の被選挙権について「日本国民は、左の各号の区分に従い、それぞれ当該議員又は長の被選挙権を有する。〔中略〕三　都道府県の議会の議員についてはその選挙権を有する者で年齢満二十五年以上のもの〔中略〕五　市町村の議会の議員についてはその選挙権を有する者で年齢満二十五年以上のもの」（10条）と定めています。

　つまり、議会議員選挙は、日本国民の25歳以上（ただし、3か月以上その市町村の区域内に住所を有するもの）であれば、誰でも立候補することができます。

　しかし、議員の平均年齢の現状は、年齢が高く偏っている傾向にあります。議会改革度調査では、現職議員の平均年齢を確認しています。結果、「46〜50歳」が0.4％、「51〜55歳」が8％、「56〜60歳」が30％、「61〜65歳」が47％、「66〜70歳」が14％、「71〜75歳」が1％で、"56歳以上の議会が9割超"を占めていることがわかりました（2017年度時点）。なお、一番平均年齢が高かったのは、北海道上ノ国町議会で75歳。一番平均年齢が低かったのは、埼玉県富士見市議会の47歳で、30歳もの差がありました。

　また、報道によると、2016年参議院議員選挙における当選者と2017年衆議院

議員選挙における当選者の平均年齢はともに約55歳でしたので、国会議員よりも地方議会議員の方が、年齢が高い傾向にあることがわかります。

平均期数は、3期以上が8割超

次に、平均期数を見てみましょう。議員の任期については、地方自治法で「普通地方公共団体の議会の議員の任期は、四年とする」（93条）と定められています。しかし、議員には期数制限がありませんから、選挙で当選すれば何期でも議員としてつとめることができます。

議会改革度調査では、現職議員の平均期数について聞いています。結果、「1期」が0.2％、「2期」が16％、「3期」が58％、「4期」が23％、「5期」が3％、「6期」が0.3％で、"3期以上の議会が8割超"を占めていることがわかりました（2017年度時点）。

誰もが立候補しやすい環境づくりを

もちろん、年齢が高いから、あるいは、期数が多いからといって、よい議会活動ができないということではありません。むしろ、年齢や期数を重ねることで得られる深い知見や経験を議会活動に活かすことができるでしょう。

しかし、他方で議会は多様な民意を反映する機関であることが求められます。どこか一定の固定層だけではなく、住民の幅広い意見を議決に活かすためには、多様な層の議員がいることが望ましいといえます。ときには、フレッシュな視点や考えを議会に取り入れることも必要でしょう。このことから、どのような年齢でも立候補しやすく、また当選してからも議会活動にやりがいを感じることができる、そんな環境づくりを進めることが大切です。

実践例とポイント

［愛知県新城市議会］
若者議会から当選者が誕生

　新城市議会では、執行部の取り組みとして「若者議会」を開催しています。この若者議会は、2015年に「新城市若者条例」と「新城市若者議会条例」に基づき設置されたもので、構成メンバーは、高校生、大学生、社会人などです。若者を取り巻くさまざまな課題について話し合い、若者の力を活かすまちづくり政策を検討して、市長への答申を行います。この取り組みのポイントは、政策立案だけにとどまらず、実際の「予算提案権」が付与されており、予算の使い道まで市長に直接提案できることです。

　2017年の議会議員選挙では、この若者議会の元構成メンバーから20代の立候補者が出ました。そして、当選後、実際に議員として活動しています。このように、若い年齢のうちから自治体の政策づくりに関わる機会があることで、議会への理解が深まり、それが高じて多様な人材が立候補しやすい環境づくりにつながっていくという可能性が考えられます。

1 基本項目［03. 女性議員の割合］

03 女性議員の割合

Key Point

地方議会における女性議員の割合は小さく、その構成は男性中心に偏りがちな傾向にあります。子育て世代の参画を促すような制度や会議規則の改正など、女性が立候補しやすく、そして働きやすい環境づくりを進めましょう。

女性議員の割合、たったの１割

　議会は住民の代表機関であり、多様な意見を反映する必要があります。ただ、現状の議会の構成において女性議員が占める割合は非常に少なく、その構成は男性中心に偏りがちな傾向にあります。

　特集にて"女性活躍の加速・拡大"を掲げた2017年版の「男女共同参画白書」（内閣府男女共同参画局）には、「地方公共団体の政策・方針決定過程への女性の参画」を調べた項目があります。それによると、地方議会における女性議員の割合はそれぞれ、「都道府県議会議員」は9.9％、「市議会議員」は14.0％、「町村議会議員」は9.8％など、１割程度でした。また、「特別区議会」は26.9％、「政令指定都市議会」は17.1％と、都市部では女性議員の割合が比較的高い傾向が見られました。

　1976年には女性議員の割合がわずか1.0％（総務省調べ）だった頃と比べれば隔世の感はありますが、「多様な意見を反映する必要」がある議会において、いまだ女性議員の割合が10人に１人というのは、明らかに少ないといえるでしょう。

　また、国会議員の割合ではありますが世界と比較すると、列国議会同盟（Inter-Parliamentary Union）の報告書では193か国中の順位で日本は157位と

（2017年12月1日時点）、他国と比べて女性の政治分野への進出は大きく出遅れていることがわかります。

画一的な議会は住民の政治離れにつながりかねない

「多様な構成の議会」が実現すると、議会が「住民の代表機関」として多様な民意を自治体の政策や事業に反映できるようになることが期待されます。しかしながら現実には、議会の構成員の多くを男性が占める議会がほとんどであるのが現状です。日本社会の人口構造は男女がほぼ同じ割合であることに鑑みれば、女性の立場からの政策実現がどれだけなされているかは疑問が残ります。

また、「多様ではない議会」＝「画一的な議会」というのは、一般の住民にとっては、議会の重要性は理解しつつも、「他人事」として捉えられてしまう危険性をはらんでいます。さらに、このような他人事の意識は、昨今大きな課題になっている住民の政治離れにつながり、ひいては議会への関心の低下や投票率の低下などの形で表出し、地方政治の現場を悩ませています。

女性が働きやすい環境とは

それでは、どうしたら女性議員の割合を増やすことができるでしょうか。

立候補者の数を増やす、有権者が女性候補者を選ぶ、当選者の男女比を一定程度決めておく、といった話もありますが、子育て世代の参画を促すような制度や会議規則の改正など、女性が働きやすい環境づくりを進める議会も増えてきました。

2018年6月には、選挙で男女の候補者数を「均等」に近づける自主的な努力を政党に求める「政治分野における男女共同参画の推進に関する法律」（候補者男女均等法）が成立し、法制面でも整備が進んでいます。

ただでさえ「なり手不足」が叫ばれる議会。これまでより女性が活躍できる環境づくりが、どの地域でも求められています。女性の参画を促すための制度や会議規則の改正など、さらなる取り組みが期待されます。

1　基本項目［03. 女性議員の割合］

実践例とポイント

［群馬県榛東村議会］
女性議長の出産に伴い会議規則を改正

　榛東村議会は、議員定数14名のうち女性は1名のみでしたが、2017年に初めての女性議長が誕生しました。その後、議長が妊娠したことから、出産・子育てと議長職の両立を目指すことになりました。その背景には、これからの地域を女性を含めてさまざまな人材が担ってほしいとの思いがありました。

　そこで、議会は会議規則のあり方を見直し、これまで議員の会議の欠席理由を「事故、出産」に限っていたところを「疾病、看護、介護、育児、忌引き、災害、その他のやむを得ない事由」を加え、第2項では出産のため会議に出席できない期間を具体的に定める改正案を提出し、全会一致で可決しました。

　この取り組みのポイントは、女性議長自らが産休をとったことで、社会的なメッセージにつながったことです。出産や育児による欠席を認めるなど、若い世代の議員の負担軽減に向けた環境整備の必要性が複数のメディアを通じて報道されました。

21

CHAPTER 3 | 改革項目と先進事例

04 議会事務局職員数

Key Point

二元代表制の一翼を担う議会を支えるのは、議会事務局です。議会事務局職員数は、自治体規模によって大きく異なりますが、増員や外部サポートの活用などを視野に入れ、質と量の両面から充実させることが必要です。

議会事務局職員の現状

議会事務局は、地方自治法で「都道府県の議会に事務局を置く。②　市町村の議会に条例の定めるところにより、事務局を置くことができる」（138条1項・2項）と定められています。つまり、都道府県では必置規定ですが、市町村は条例で必要に応じて定めることができるとされています。

また、議会事務局職員については、「⑤　事務局長、書記長、書記その他の職員は、議長がこれを任免する。〔中略〕⑦　事務局長及び書記長は議長の命を受け、書記その他の職員は上司の指揮を受けて、議会に関する事務に従事する」（同条5項・7項）と定められています。

議会改革度調査では、議会事務局職員数を確認しています。結果、「1～5人」が59％、「6～10人」が26％、「11～20人」が9％、「21～30人」が2％、「31人以上」が4％でした（2017年度時点）。なお、この職員数は、議会事務に関わる業務に従事されている嘱託、臨時の職員も含めて聞いています。また、外部有識者、議長の運転手、受付、外部委託している速記者などは含めていません。

議会事務局職員数は、自治体の規模によって大きく異なります。一番多いのは東京都議会の141名で、議員数よりも多く配置されています。一方、一番少

22

ないのは１名で、複数の町村議会で見られます。また、町村では、議会事務局職員が監査委員会や選挙管理委員会の事務局を兼務する例も多く見られます。

求められる議会事務局の強化

　二元代表制の一翼を担う議会を支えるのは、議会事務局です。議会が本来の機能を発揮するためには、議会事務局の強化は必須だといえます。

　地方分権が進むなかで、地方自治体の自己決定権が拡大し、議事機関である議会の役割は大きく飛躍しました。さらに、地方創生が求められる時代においては、地域間の政策競争が激しくなり、議会においても政策立案能力がより重視されるようになっています。

　そうした背景のもと、議会事務局職員には、これまでの「庶務（総務）」や「議事」だけでなく、「法務・調査」に関する機能が求められるようになりました。また、議会改革が進むことで議会活動がひろがり、住民とのコミュニケーションの調整役など、新たな役割が期待されるようになりました。

質と量の充実

　議会事務局の強化のためには、「質」と「量」、両面からの充実が必要です。

　「質」としては、政策立案の補佐機能があげられます。政策立案には法務の専門知識が欠かせません。法務担当職員を配置している議会は、都道府県や政令市では75％を超えますが、市区町村議会では圧倒的に少ない状況となっています。また、「量」としては、議会事務局職員の増員が考えられますが、前年度より増員した議会は１割以下にとどまっています（2017年度時点）。

　このように、限られた自治体の予算と人材のなかで「質」と「量」をともに充実させることは容易ではないかもしれません。しかし、増員に向けた積極的な姿勢をとるとともに、外部サポートの活用や他団体との連携なども視野に入れて、議会事務局を強化していくことが重要です。なお、議会事務局の改革については、別途「56. 議会事務局改革」の項目で触れています。

CHAPTER 3 | 改革項目と先進事例

（表）自治体規模別議会事務局職員の現状比較

（2017年度）

	都道府県議会	政令市議会	市区議会	町議会	村議会
平均人数	47名	36名	8名	3名	2名
一番多い人数	141名 （東京都議会）	56名 （横浜市会、 名古屋市会）	29名 （複数議会）	7名 （長与町議会）	4名 （複数議会）
一番少ない人数	26名 （岐阜県議会）	22名 （静岡市議会、 浜松市議会）	3名 （複数議会）	1名 （複数議会）	1名 （複数議会）
前年度より増員 した割合	9％	10％	5％	3％	3％
法務担当職員の 配置割合	77％	75％	6％	1％	0％

（注1）議会事務に関わる業務に従事されている嘱託、臨時の職員も含めて聞いている
（注2）外部有識者、議長の運転手、受付、外部委託している速記者などは含めていない

実践例とポイント

［長野県箕輪町議会］
議会事務局職員を増員

　箕輪町議会は、議会が独自に人口減少を解決するための分析や調査を進めるなど、積極的な議会活動を展開している議会です。

　2016年度は4名だった議会事務局職員を、2017年度は5名に増員しました。これは、議会事務局においてさまざまな事務が増えているなかで、職員を増やしたいとの要望を出したことから、臨時職員の採用が実現したものです。

1　基本項目［05.議員報酬］

05　議員報酬

Key Point

議員報酬は、それぞれの自治体の条例で定めることができます。基準は他議会にならう人任せや削減ありきではなく、議会自ら基準を見直しましょう。議会活動の実態を明らかにしたうえで、住民への説明を丁寧に行い、決定することが重要です。

議員報酬は条例で定める

　地方自治法は、「普通地方公共団体は、その議会の議員に対し、議員報酬を支給しなければならない。〔中略〕④　議員報酬、費用弁償及び期末手当の額並びにその支給方法は、条例でこれを定めなければならない。」（203条1項・4項）としています。

　地方議会議員に支払われるのは「議員報酬」で、国会議員に支払われる「歳費」とは異なり、いわゆる生活給ではなく職務の遂行に対する対価と位置づけられています。そして、その額は、すべてその自治体に委ねられています。

　議会改革度調査では、議員報酬の額について確認しています。なお、1人あたり、一般議員の月額（議長・副議長など役職は除く）としました。結果、「10万円以上20万円未満」が12％、「20万円以上30万円未満」が27％、「30万円以上40万円未満」が28％、「40万円以上50万円未満」が16％、「50万円以上60万円未満」が6％、「60万円以上70万円未満」が5％、「70万円以上80万円未満」が2％、「80万円以上」が3％で、かなり大きな差があることがわかりました（2017年度時点）。

25

議会自らが算定する

　それでは、適切な議員報酬とは、いくらなのでしょうか。また、その根拠はどこに置くべきでしょう。「同じ人口規模の議会がこれくらいだから」といって、横並び意識で同額程度を示すのでは、住民への説明責任は果たせないでしょう。

　これまで、議員報酬の額については客観的な視点が必要なことから、第三者で構成される報酬等審議会などで意見を聴き、執行部提案により決めるのが通例でした。しかし、報酬等審議会は執行部の附属機関であり、議会自らが定めたものではありません。また、住民の声だけを聴くと「税金の無駄遣いだ」として、根拠なく「削減」だけが叫ばれることもあります。

　そこで、議会自らが、議会の活動量を可視化して、それに見合う議員報酬の額を住民に対して提案する取り組みが出てきました。そのモデルとなっているのが、福島県会津若松市議会です。会津若松市議会の「議会活動と議員定数等との関連性及びそれらのあり方　最終報告」(2010年) では、議会活動と議員活動の範囲を詳細に定義づけたうえで、①原価方式、②比較方式（県内や類似団体等との比較）、③収益方式の3つを示しています。そして、そのなかから①原価方式を採用し、住民の意見を聴いたうえで、「議員活動換算日数修正モデル：1354時間＝169日」として、市長給料と照らし合わせて議員報酬額を決定しました。

　なお、②比較方式は「類似団体との関係においては、それぞれの団体における議会を取り巻く環境も異なることから、議員報酬を比較する諸条件が揃わないことになる。〔中略〕比較方式による試算には限界があり、実証性や理論的にみてもその説明能力は低いといえる」、③収益方式は「理論的には最も説明責任を果たしえる方式と考えられる。一方、市政への貢献度を数量化するためには、議員評価の考え方・具体的手法・評価主体の考え方・手続きなどを制度として検討・確立することが必要となるところ、現時点ではそのような条件整備は困難」としています。

1　基本項目［05. 議員報酬］

　このように、会津若松市議会では多角的な分析を詳細に行うとともに、議会活動の実態に合わせて議員報酬額を算出し、その結果をもとに住民との意見交換を何度も重ねています。そして、住民が納得できる形で、議員報酬を定めるに至っているのです。

削減だけでなく増額も

　昨今では、議員のなり手不足が深刻な全国共通の課題になっています。若者を含めて優秀な人材が議員に立候補するためには、やりがいのある議会活動、そして生活を営むことができるだけの議員報酬が必要な条件として考えられます。もちろん、議員を兼職として見るのか専業職として見るのかは、議論のあるところですが、十分な議会活動をしようとすれば、相当な責任と仕事量を伴うでしょう。

　そのようななか、議員報酬を増額する議会も少しずつ出てきました。例えば、長崎県小値賀町議会では、若者から議員のなり手を増やすため、子育て世代の収入の確保が必要と考えたことから、50歳以下の議員に限り議員報酬を月額30万円に増額するという意欲的な特例条例案を2015年に全会一致で可決しました（ただし、2018年に特例は廃止となりました）。

　議員報酬は、その自治体が自由に定めることができるのです。自らの地域にあった議会を実現するために、議会自らが基準を見直し、住民への説明をしっかり行ったうえで、決定することが重要です。

実践例とポイント

［十勝町村議会議長会］
広域で標準モデルを提案

　議員のなり手不足は、特に町村議会で深刻ですが、議員報酬の低さも原因の1つだと考えられています。そこで、18町村の議会議長で

構成する十勝町村議会議長会は、議員報酬の「十勝標準モデル」を公表しました。

　ポイントは、議員活動の範囲・内容をいかに捉えるかに注目し、議員活動の内容について定性的（範囲）及び定量的（日数）の２面から分析を行った点です。また、範囲の定義は「実態」に合わせることに注力しました。

　最終的には、議員の活動量を町村長と比べて「十勝標準モデル」を試算しました。なお、町村長の職務遂行日数については、全国町村議会議長会政策審議会「議員報酬についての"全国標準"」を参考に330日とし、町村長給与月額については18町村平均値から試算しました。このように、１つの議会で算出することは難しくても、広域で議会が連携して取り組むことで、新たな議員報酬モデルを提案することができました。

（図）「十勝標準モデル」の試算の考え方

（算定式）

$$\boxed{\text{議員報酬（月額）「十勝標準」}} = \text{町村長給与月額} \times \frac{\text{議員活動日数}}{\text{町村長職務遂行日数}}$$

町村長に対する比率 （　）内は18町村の 最大・最小	議　員	議　長	副議長
	30% 100日／330日 （最大42%、最小23%）	42% 137日／330日 （最大56%、最小28%）	33% 108日／330日 （最大46%、最小24%）

	議　員	議　長	副議長
「十勝標準」月額 （1,000円単位切上げ）	222,000円 （738,000円×30%）	310,000円 （738,000円×42%）	244,000円 （738,000円×33%）

（出典）「議員活動からみた議員報酬の検討～『十勝標準』の試算」（ウェブマガジン『議員NAVI』2017年8月25日掲載）

1　基本項目［06. 政務活動費の支給と増減］

06　政務活動費の支給と増減

Key Point

2012年の地方自治法改正により、それまでの政務調査費から、調査研究以外の用途にも使用できる政務活動費へと制度が変わりました。この制度改定は、使い勝手をよくするためだけではなく、地方分権を推進する流れのなかで、議員の政策立案能力や監視能力を高めるために行ったという点を押さえておく必要があります。

政務活動費は議員の資質を高めるために必要不可欠なもの

　政務活動費は、地方自治法で「⑭　普通地方公共団体は、条例の定めるところにより、その議会の議員の調査研究その他の活動に資するため必要な経費の一部として、その議会における会派又は議員に対し、政務活動費を交付することができる。この場合において、当該政務活動費の交付の対象、額及び交付の方法並びに当該政務活動費を充てることができる経費の範囲は、条例で定めなければならない」（100条14項）と定められています。

　2012年の地方自治法改正により上記規定となり、従来の政務調査費から政務活動費へと名称が変わるとともに、調査研究以外の用途、議員が議会外で行うさまざまな活動にも支出できるようになりました。これは、議員にとっての使い勝手をよくするというためだけの改革ではなく、地方分権を推進する流れのなかで、議員の政策立案能力や監視能力を高めるために行われたという点を押さえておく必要があります。

　議会改革度調査では、政務調査費の支給状況について確認しています。2017年度時点では、「支給なし」が24％、「月に2万円以内の支給」が42％となっており、多くの地方議会では、一般的なイメージとは異なり多額の政務活動費が

29

支払われているわけではなく、議員が上手くやりくりをして使っているのが現状です。

しかし、なかには、使い道をチェックされるので使いにくいとして、政務活動費を廃止して、議員報酬を増額した議会もあります。ただそうすると、確かに使い方の自由度は上がりますが、そもそもの制度の目的を見失うことにつながります。

適性額に正解はない

政務活動費の適正額については、これが正解だという答えはありません。一般的な傾向として、都道府県や政令指定都市の議会では、月に10万円を超える政務活動費が支給されていますが、町村議会となると、政務活動費が全く支給されていない議会が多くなります。また、議会改革度調査で政務活動費の支給額の増減を確認したところ、「増額した議会」は1％、「減額した議会」は1％でした（2017年度時点）。ほとんどの議会で、増減はありませんでした。

政務活動費の増減については、有識者などが議論する報酬等審議会で議論されます。昨今の状況を見ると、政務活動費の返納率が高い状況が続いており、政務活動費の必要性が問われ、さらに減額できるのではという議論が出ています。ここで確認すべきことは、返納率が高くなっている傾向は、よいとはいえないことです。それは、議員が十分に制度の趣旨をいかしきれておらず、議員の資質を高めることにつながっていないからです。

「後払い方式」を導入する議会も

政務活動費の支出は、手続きが適正になされていることは当然ですが、その原資が税金であり、住民の福祉の向上のために資する目的で使われたかどうかを議員自身が判断する必要があります。その他には、支出する活動が、一般的な感覚から見て、当該自治体に関連性があること、支出した金額の妥当性があること、議員の活動に必要性があることなどが問われます。

現在は、先にまとまった分を一括して渡す「先払い方式」が採用されている

ところが一般的ですが、この方法では使い切ろうとする心理が働くので不正使用の原因の1つになりうるとして、「後払い方式」に変更する議会が増えてきました。「後払い方式」は、議員が立て替えた後に精算するので、不正や無駄な支出を抑制する効果が期待できます。その一方で、手続きが煩雑になるという意見もありますが、そのような状況を招いた原因をよく考えなければいけません。

実践例とポイント

［京都府京丹後市議会］
後払い方式の導入

　京丹後市議会では、全国に先駆けて2015年から、「年度終了後の実績額による完全後払い方式」を導入しています。議員は、活動にかかった費用をまずは自分で支払い、領収書や関係書類をまとめた報告書を、年度上半期（4～9月）と下半期（10～3月）に議長に提出します。議長と議会事務局は、内容が適正かどうかをチェックし、これが認められた場合に初めて、政務活動費が交付されます。これまで、交通費の一部減額や、チラシ代の支出が認められないなどということがありました。しかし、京丹後市議会のこの取り組みは、不正使用を防ぐことではなく、透明性を高めることに力点が置かれていることに注意する必要があります。

07 政務活動費の使途①

> **Key Point**
>
> 政務活動費を充てることができる活動の範囲は、議会ごとに条例やマニュアルで詳細に定められています。それらを細かく確認するほか、少しでも疑問がある場合には、議会事務局に問い合わせたり、裁判例を調べたりすることが必要です。

使途は？

　政務活動費を充てることができる活動の範囲は、議会ごとに条例やマニュアルで詳細に定められています。そこで定められた項目に当てはまる支出であるかどうかが第一に問われますが、項目に当てはまったとしても、さまざまな論点があります。少しでも疑問がある場合には、議会事務局に問い合わせたり、裁判例を調べたりすることが必要です。

　一般的に認められている使途には、下記の項目があります。必要な書類がすべてあることは、当然のことですが、それ以外にも必要性、妥当性、手続き、説明責任などの問題があり、その問題をクリアできているかが問われます。また、政党活動、選挙活動、後援会活動や個人的活動には支出が認められていません。

①旅費（海外視察費、国内視察費、タクシー・バス代、キャンセル料、旅費・日当、陳情のための旅費、旅行傷害保険）
　→政務活動に必要なものか（政治活動やそのほかの活動が関わっていれば、厳密に区分する必要があります）、交通費は最安の価格のものか、宿泊費が定額支給になっていないか

1　基本項目［07. 政務活動費の使途①］

②自動車関連（ガソリン料金、自動車のリース費、高速道路料金、駐車料金）

→政務活動に必要なものか、選挙区内での活動に必要なものか、リースは継続使用になっていないか、プリペイドカードの購入になっていないか

③会費（各種団体の会費）

→その団体の活動内容や実態が政務活動に必要なものか、個人的に加入している団体ではないか

④広報紙（印刷費用、配布費用）

→掲載されている内容が政務活動に関わるものか、単なる宣伝のものではないか、政務活動以外の内容が掲載されている場合は、適切な按分がなされているか、配布実績はきちんとあるか

⑤研修（研修会参加費、研修会開催費）

→研修内容が政務活動にとって必要な内容であるか、参加費の金額が社会通念上妥当な額であるか

⑥調査（アンケート調査費、資料作成費、調査委託費）

→調査の目的や内容が政務活動に必要な内容であるか、調査を行う企業や個人がそれを行うにふさわしい能力や実績を有しているか

⑦飲食（飲食を伴う会費、出席者負担金、新年会・忘年会）

→研修会や意見交換会など、飲食を伴う会費が必要な会合であるか、飲食だけを目的とした会合ではないか、会派や議員の私的な会合ではないか、単に挨拶をしただけの会合ではないか

⑧資料（新聞、業界紙、政党機関紙、雑誌、書籍、有料データベース利用料）

33

→新聞や雑誌の購読は、個人としての利用目的のものでないか、購読に必要
な費用が社会通念上、妥当な額であるか

⑨事務費・事務所費（消耗品の購入、備品の購入、備品のリース、備品の修
理費、事務所の設置・維持管理）
→議員や会派が行う政務活動に必要な費用であるか、物件の所有者が議員自
身や親族でないか、政務活動以外の活動のためにも利用する場合は適切な
按分がなされているか、資産形成にあたる備品の購入やリースでないか

⑩会派控室での経費（消耗品の購入、備品の購入、備品のリース、備品の修
理費）
→政務活動以外の活動のためにも利用する場合は適切な按分がなされている
か

⑪人件費（議員が行う政務活動を補助する職員を雇用する経費）
→業務内容、勤務条件に見合った賃金になっているか、最低賃金法等の法令
が遵守されているか、政務活動以外の活動のためにも雇用する場合は適切
な按分がなされているか

⑫通信費（固定電話・携帯電話等の使用料、インターネット接続料、ウェブ
サイト維持管理費、はがき・切手）
→政務活動とそれ以外の活動での按分がなされているか、はがき・切手は送
付先がきちんと管理されているか

⑬交際費（慶弔費、見舞い、餞別）
→個人的な目的でないか

1　基本項目［07. 政務活動費の使途①］

実践例とポイント

［神奈川県相模原市議会］
政務活動費マニュアルを作成し、議会ウェブサイトで公開

　相模原市議会は、政務活動費を適切に支出するため「政務活動費マニュアル」を作成し、公開しています。

　マニュアルの内容は、基本方針、政務活動費を充てることができる経費の範囲、政務活動費を充てることができない経費、政務活動費執行にあたっての原則、実費弁償の原則、按分の考え方、説明責任、項目別充当指針…など、多岐にわたります。

　特徴的な点は、項目別充当指針のなかで、項目ごとに充当できるもの・充当できないものを詳細に掲載し、複数の判例や経理責任者会議の見解を掲載していることです。

　議会ウェブサイトで公開しているため、住民も自由に閲覧することが可能となっています。

CHAPTER 3 | 改革項目と先進事例

08 政務活動費の使途②

Key Point

　議員の活動は、政務活動以外にも、多岐にわたります。そのすべてに政務活動費が支出できるわけではないため、基本的な原則をよく理解する必要があります。また、住民訴訟という事態を避けるためにも、その原資は税金であるということを常に念頭に置き、厳正なチェックを受けることが必須です。

政務活動とそれ以外の活動が併存する場合の考え方

　議員の政務活動とそれ以外の活動を厳密に区別することは、現実的にはかなり難しいといえます。日々の議員活動の積み重ねがその議員の実績となり、それが次の選挙での住民の評価の材料になるからです。そこで、政治活動、後援会活動、私的活動など、政務活動以外の活動が含まれるとみなされる使途には、その活動割合に応じて支払うことのできる金額が按分されることが、多くの議会ではマニュアルで定められています。

政務活動費の返還

　多くの地方議会では、事前に政務活動費を支給する「先払い方式」を採用しています。議員が年度末までの使用状況を整理し、収支報告書や領収書などの必要書類をとりまとめ、使い切れなかった分があれば、その分を自治体へ返還することになります。この方式は、議員がお金を立て替える必要がないことから、議員にとっては便利な制度ですが、年度末の「駆け込み使用」を助長するという批判があります。

　これまで、政務活動費の使用率は、ほぼ100％でしたが、不正使用がメディ

アなどで取り上げられ全国的問題になって以降は、都道府県や政令指定都市の議会を中心に、返納率が高くなる傾向にあります。特に、不正使用が大々的に報じられた兵庫県では、使った分を後から支給する「後払い方式」を導入するなど、ルールを厳格化したことで、30％を超える額が返還されました。しかし、返納率が高い場合、議員としての政務活動が十分に果たされていない可能性もあり、必ずしもよいことだとはいえません。

住民訴訟となる場合も

　政務活動費の使い方が適正でない、又は不明瞭であるといった場合に、それが議員の不当利得にあたるとして、住民から返還を求めて住民訴訟を起こされる可能性があります。ただし、訴訟は、議会や議員に対して行われるのではなく、支出した首長に対して行われます。

　訴訟という事態を避けるためにも、政務活動費の原資は税金であるということを何よりも念頭に置き、議会の定めたマニュアルに沿って支出すること、議会事務局や第三者による厳正なチェックを受けることが必要です。最近は、裁判の結果、多額の返還命令が出るケースが目立つようになっていますが、これは、政務活動費の不正使用に対する社会の目の厳しさでもあるといえます。

実践例とポイント

［岡山県議会］
最高裁判所の判決により、すべての領収書を開示へ

　岡山県議会では、政務調査費の支出に関する領収書の報告を「1万円を超える」ものに限定していましたが、これに対し、市民団体がすべての領収書を提出するよう訴訟を起こしました。広島高裁岡山支部は、「提出義務がない領収書まで開示すれば、議員の調査に協力した第三者のプライバシーが侵害される」と判示しました（広島高判平成

26年5月29日判例地方自治392号49頁）。これに対して、最高裁判所は、岡山県の条例は「調査研究活動の自由をある程度犠牲にしても、使途の透明性確保を優先させる」ものだとし、領収書を開示するよう命じました（最二小判平成26年10月29日判例時報2247号3頁）。この判決を受け、岡山県議会は、政務活動費の収支報告書に添付する領収書の金額制限をなくす条例改正を行いました。

　この判決のポイントは、政務調査費は、議会の審議能力を強化し、議員の調査研究の基盤の充実を図るために有用であるが、使途の透明性の確保が何よりも求められると判示した点にあります。したがって、使途を明らかにするためには、領収書などの証拠書類をきちんと保管し、保存しなければなりません。

人口減少時代だからこそ実施すべき議会改革とは

長野県飯綱町議会事務局長　髙橋　吉人

　急激な人口減少時代を迎え、地域社会そして時代の変化は急速に進んでいます。

　人口減少は当然のごとく議員定数の削減につながり、議会が本来目指すべき多様な層の住民代表といえない定数になりつつあります。

　行政が地域の実態に即した施策の推進を進めようにも、基礎自治体を取り巻く環境は日々変化し、常に新たな諸問題への対策検討が課題となっています。その解決に議会の立場から力を尽くすことが求められ、変化に対応できる組織としての議会力が、問われることになります。

　議員個々が旧来の手法で多層にわたるさまざまな住民意見を集約することは、もはや限界に近づいています。議会が組織として住民意見を集約し、時代の変化に対応できる政策提案を可能にする議会力の向上が求められています。

　議会改革は議員力の向上とともに議会力の向上を目指し、議会のための改革でなく、改革を住民福祉の向上へとつなげなければなりません。それには、前例踏襲や議案を表決するだけの存在では、急速に進む時代の変革についていけず、議会不要論につながりかねません。

　議員個々でなく、組織として議会の使命を果たすためには、新人議員もベテラン議員も関係なく学び、新旧議員が互いに学んだうえでの意思決定が大切であり、そのための議会改革をし、組織全体の力をつけることが大切になります。

　飯綱町議会は議会改革を進めるなかで、「住民の声を聴く」から「住民の知恵を借りる」にその姿勢を転換しました。それが「政策サ

ポーター制度」と「議会だよりモニター制度」であり、それらの取り組みからさまざまな政策提言につなげることができました。

　人口減少時代だからこそ、議会議員だけの活動でなく住民を巻き込んだ活動が議会への関心を高めることになります。確実に改革を進めるには、華々しい改革や一部の議員の力による改革でなく、地道に住民の声を聴き、時には知恵を借りることで、従来のような代弁者の集まりを脱却し、真に住民を代表する意思決定機関となり、本来の議会の役割を果たすことができます。

　議会改革は議会がやらなければならないことを順序立てて方向性を示すものです。議員任期は4年ですが継続的に次の時代に引き継ぐことが重要であり、改革も時代や社会に合わせて変えていく必要があります。

（図）議会議員だけでなく、住民を巻き込んだ活動を

（出典）飯綱町議会

2 情報共有

「情報共有」とは

　「情報共有」の取り組みは、議会改革を進めるうえで、一番基本となる要素と考えています。議会としての説明責任を果たし、住民の信頼を得るためにも、まずは議会の基本情報や活動内容を、住民にわかりやすく「見える化」することが、改革の大前提となります。

　議会改革度調査では「情報共有」として、会議録、動画、関連する資料、議案の賛否結果、視察報告、政務活動費などの公開状況を、調査項目としています。このほか、議会だよりの発行状況や、議会ウェブサイトとSNSの運用状況、広報戦略の策定状況に関する設問も設けています。

　なお、以前はこれらを「情報公開」と称していましたが、これからの住民参加の望ましいあり方を踏まえて、「議会が住民に対して情報を公開する」という一方的な意味合いではなく、「議会と住民がともに情報を共有する」という表現の方がふさわしいと考え、「情報共有」へと名称を変えました。

「情報共有」の視点①～会議はすべて公開しよう

　議会改革度調査では、会議について、①本会議、②予算審査を行う委員会、③決算審査を行う委員会、④予算決算以外の常任委員会、⑤予算決算以外の特別委員会、⑥議会運営委員会、⑦全員協議会の7つに分けて、その情報共有の状況を確認しています。

　地方自治法は「普通地方公共団体の議会の会議は、これを公開する。但し、議長又は議員三人以上の発議により、出席議員の三分の二以上の多数で議決したときは、秘密会を開くことができる」（115条）としていますが、ここでいう「会議」は本会議を指しており、地方自治法上は本会議のみが原則公開となっています。

しかし、住民の立場からすれば、議案について実質的な議論がなされる委員会など、本会議以外の会議も重要な議論の場であることから、マニフェスト研究所では上記の7つの会議を等しく公開することが望ましいと考えています。

「情報共有」の視点②～インターネットでの公開を重視

議会改革度調査では、情報を公開する手段については、インターネットと紙媒体に分けて聞いています。特に、ICT化が進む現代においては、いつでも・誰でも・どこでも閲覧が可能であるインターネット上での公開がより望ましいと考えています。情報公開請求がないと公開しないとしている議会は論外です。

さらに、第三者がオープンデータとして二次利用しやすい形式で公開することで、住民自治を支える情報基盤になることが期待されます。

「情報共有」の視点③～公開内容の充実、体系立てた戦略も必要

全国で地方議員の不祥事が多発し、住民の不信がつのっていることは否めません。住民が納得できるように、議会として公開する内容を充実させることが重要です。例えば政務活動費については収支報告書や会計帳簿とともに領収書まで公開すること、視察報告については委員会などの議員派遣による視察と政務活動費による視察双方を公開すること、議案の賛否結果については会派ではなく議員個人の結果とその理由についても公開することを、マニフェスト研究所としては重視しています。

また、情報共有をするにあたっては、さまざまな種類や方法があります。情報が住民に効果的・効率的に行き届くよう、種類や方法などを吟味し、体系立てた広報戦略が必要でしょう。

2　情報共有［09.会議録の公開］

09　会議録の公開

Key Point

議会の会議録の作成は、地方自治法により定められています。住民が、議会における議論の内容や議決までのプロセスを知ることができるよう、本会議に加えて委員会の会議録等も公開しましょう。インターネット上で検索・活用しやすいような形式で公開することも重要です。

会議録の公開はなぜ必要？

　地方自治法は「議長は、事務局長又は書記長（書記長を置かない町村においては書記）に書面又は電磁的記録〔中略〕により会議録を作成させ、並びに会議の次第及び出席議員の氏名を記載させ、又は記録させなければならない」と定めています（123条）。会議録は、議会でどのように話し合いが行われ、決定がなされたのか、議会運営や議事の内容を記録する、公文書なのです。

　その公文書を主権者である住民に公開することは当然のことといえるでしょう。また、いつでも誰でもどこからでも会議録の確認ができるよう、議会ウェブサイトなど、インターネット上に掲載することも重要です。「密室での談合」ではなく「開かれた議会」を目指すのであれば、まずは会議録をインターネット上で公開することから始めましょう。

　なお、公開時期としては、会議後はできるだけ速やかに、住民の関心が薄れないうちに公開するとよいでしょう。

本会議以外の会議も公開

　議会改革度調査では、会議録の公開状況を確認しています。その結果、「本会議の会議録をインターネット上で公開している」議会は88％ですが、「常任

43

委員会（予算・決算以外）の会議録をインターネット上で公開している」議会は35％にとどまっています。また、「予算審査を行う委員会」は38％、「決算審査を行う委員会」は40％、「議会運営委員会」は19％、「全員協議会」は9％でした（2017年度時点）。

　具体的な議案の審査や所管事務の具体的な調査は、基本的には委員会で行われていることから、本会議の会議録に加えて委員会の会議録も公開するようにしましょう。最近では、本会議や委員会だけでなく、議会運営委員会や全員協議会などの場の会議録もすべて公開する議会が増えつつあります。

インターネットで検索・活用しやすく

　あなたのまちの会議録は、住民からして、見やすい形式になっているでしょうか。会議録は、単なる記録文書ではなく、そのまちの課題と解決策が詰まった宝庫ともいえます。

　インターネット上で検索しやすいように、「発言者」「検索語」「会議の種別」「発言者の種別」「対象期間」など、条件を絞って利用できる機能を整えることが望ましいでしょう。検索性が高まると、地域課題などの「テーマ」ごとに、議会においてどのように話し合われたのか、その論点や解決策が容易に知ることができるようになります。

　さらに、現代は、ICT技術の革新が進み、一般住民でもオープンデータを活用する時代に突入しました。例えば、議員の任期期間中の議事録データを活用して、ICT技術を駆使し議会活動をわかりやすく「見える化」させた事例も出ています。こうした取り組みは、議会活動の可視化と検証に役立ちます。会議録がオープンデータとして活用されることを想定し、それにふさわしい形式で公開することも今後の視点としては重要でしょう。

2　情報共有［09. 会議録の公開］

実践例とポイント

[広島県尾道市議会]
検索機能がある会議録

　尾道市議会の会議録検索システムは、使い勝手がよいのが特徴です。まず、メインメニューは「会議録を検索する」「会議録を閲覧する」「発言集を作成する」の3つに分かれています。

　「会議録を検索する」は、キーワードや会議名、発言者などから簡単に検索することができます。「会議録を閲覧する」は、その会議の日程ごとにシンプルに会議録を一覧で見ることができます。特徴的なのは「発言集を作成する」です。会議名と知りたい内容を選択し発言者を指定すると、その議員が発言した内容を自動的に抽出してくれます。例えば、4年間の任期で議員が何を発言したのか知りたい場合、住民が簡単に調べることができるのです。

（図）使い勝手のよい尾道市議会の検索システム

尾道市議会会議録検索システム

　🔍　会議録を検索する

　📖　会議録を閲覧する

　📑　発言集を作成する

（出典）尾道市議会会議録検索システム（http://ssp.kaigiroku.net/tenant/onomichi/pg/index.html）

CHAPTER 3 | 改革項目と先進事例

10 議案関連資料の事前公開

Key Point

住民により関心を持ってもらうために議会で話し合う内容（議案）に関連する議案本文や具体的な資料は、あらかじめ公開しておくことが肝心です。できる限り、事前に議会ウェブサイトなどに掲載しましょう。

会議前に公開しているか？

　議会では、話し合うべき議案が本会議に上程された後、審査が行われ、最後に議決が行われます。議会活動において、議案審査と議決は大きなウェイトを占めており、議案に関する情報はとても重要な意味を持ちます。

　しかし、住民に対して、その議案はいつ公開しているでしょうか。会議が終わってからの「事後報告」や、会議が始まるほんの少し前の「直前公開」になっていませんか。議会において話し合われる内容に関する情報が不足していては、住民が議会に関心を持ちやすい環境とはいえないでしょう。

議案と関連資料を公開する

　議会改革度調査では、会議が始まる前の議案や資料の公開状況を確認しています。その結果、「議会日程をインターネット上で事前公開している」議会は90％におよぶものの、「議案名をインターネット上で事前公開している」議会は49％、「議案本文をインターネット上で事前公開している」議会は17％にとどまりました。さらに、審査の参考となる「議案関連資料をインターネット上で事前公開している」議会は9％でした（2017年度時点）。

　他方、比較的取り組みが進んでいるのは、議員の一般質問の項目の事前公開

です。ただ、一般質問は、議員個人が行政運営のチェックのために行政全般について執行部に質問するものであり、基本的には議会での議決のために議論する内容とは重みが異なります。一般質問の項目を事前公開することももちろん大切なことですが、議会全体で話し合う対象である議案と、その前提となる関連資料を公開することがより重要です。

公開は電子データで

議案や関連資料を、議会ウェブサイトなどのインターネット上に公開することに対して、「手間がかかる」という議会事務局の声を聞くことがあります。しかし、現代はインターネットを利用するということが社会全体に浸透しています。民間企業では、会議資料を電子データでやりとりすることが主流です。対して役所や議会では、紙資料でのやりとりという旧来的な手法がまだ残っているところが少なくないようです。理想をいえば、執行部から議案関連資料を電子データで受け取り、議会事務局が議会ウェブサイトに公開し、議員も住民も等しく、前もって、どこからでも、確認できる環境が望ましいでしょう。

東京都北区議会では、議案関連資料を会議前に議会ウェブサイト上で公開しています。議会ウェブサイトに過去の議会のものも含め関連資料を蓄積して保存しています。また、検索機能がついているため、関心のあるキーワードで検索して、関係する資料をいつでも見ることができ、利用しやすいのも特徴です。

実践例とポイント

[三重県四日市市議会]
議案に対する意見募集

四日市市議会では、各定例月議会における重要な議案について、事前に市民からの意見を募集しています。さらに、議案審査の参考とするため、市民から得た意見を一覧表にして全議員に配付しています。

ここでの「重要な議案」とは、市民に身近な問題で、市民サービスに大きな変化をもたらすような条例や事業を指しています。例えばこれまで「公立幼稚園エアコン設置事業費」、「路上喫煙の禁止に関する条例の制定」、「公共下水道接続促進補助事業」などについて、意見を募集してきました。

　この取り組みのポイントは、議案を事前にインターネット上で公開し、ウェブサイトのトップページ右上の一番目立つ場所で意見を募集していることです。また、すべての議案ではなく「重要議案に絞っている」点も注目です。すべての議案に対して住民の意見を聞くことは現実的には難しいでしょうが、重要議案に絞って掲載することで、住民にとっても参加するハードルが下がります。議案関連資料の事前公開、そして意見募集により、住民意見を踏まえたうえで議会での議論に臨むことができるようにと工夫された好事例です。

（図）ウェブサイトの目立つ場所で議案の意見募集をしている

（出典）四日市市議会ウェブサイト（http://www.city.yokkaichi.mie.jp/gikai/）

2　情報共有［11.動画公開］

11　動画公開

Key Point

動画は、住民にとって簡単に議論の様子を知ることのできる手段です。インターネットで閲覧ができるように公開しましょう。本会議だけでなく、委員会などの動画も公開することで、議決に至るまでのプロセスがよりわかりやすくなります。

本会議の動画公開が進む

　動画による会議映像の公開は、議事録では伝えきれない発言のニュアンスや、議論の雰囲気などを伝える方法として有効です。最近は、スマートフォン等の普及により、以前よりも手軽に動画を見ることができるようになりました。住民にとっては議会に傍聴に出かけるよりも簡単に、議論の様子を知る手段といえるでしょう。

　議会映像（動画）を公開する手段としては、ケーブルテレビ、インターネット等が考えられます。動画配信サービスやスマートフォンの普及を考慮すると、今はインターネットが最も一般的な方法だといえます。特に、若い年代にとっては、スマートフォンで動画を見ることは日常的なことです。

　議会改革度調査では、会議の動画の公開状況について確認しています。その結果、「本会議をインターネットで公開している」と回答した議会は、「生放送」が48％、「録画放送」では60％に達しています（2017年度時点）。インターネットは一般的な方法として定着しつつあり、今後も増加することが予想されます。

　また動画の特徴として、確認作業などのために完成までに時間のかかることの多い議事録と比べ、中継であれば即座に、録画であっても短い時間で公開し

49

やすい点があげられるでしょう。あくまで正式な記録である議事録とは異なりますが、住民が議論の内容を確認する方法として有効です。

本会議以外の会議こそ公開を

議会改革度調査では、委員会など本会議以外の会議についても動画公開の状況を聞いています。その結果、すべての会議で「インターネットで録画放送を公開している」割合が最も高くなっているものの、本会議と比べると公開があまり進んでいない状況です。それぞれの会議を見ていくと、「予算審査を行う委員会」は18％、「決算審査を行う委員会」は17％、「予算決算以外の常任委員会」は10％、「予算決算以外の特別委員会」は8％、「議会運営委員会」は4％、「全員協議会」は4％でした（2017年度時点）。

これらの会議では本会議と比べ、より深い議論が交わされることが多く、住民にとっては議決に至るまでのプロセスがよりわかりやすくなります。開かれた議会を実現するためには、こちらも合わせて公開を進めていくべきでしょう。

スマートフォンへの対応を

住民が場所や時間を選ばずに視聴できることから、インターネットでの録画放送は積極的に行うべきですが、特にスマートフォンでも見やすいページにすることが重要です。総務省の調査（注）によると、個人がインターネットに接続する機器として使うのは、スマートフォンが59.7％となり、パソコンの52.5％を上回っています。

（注）総務省「平成29年通信利用動向調査」（http://www.soumu.go.jp/johotsusintokei/statistics/data/180525_1.pdf）

実践例とポイント

［山口県山陽小野田市議会］

山陽小野田市議会では、すべて生放送、録画放送を行っています。

議場で開催する、本会議・全員協議会・一般会計予算決算常任委員会は業務委託で配信し、委員会室で開催される会議は YouTube で配信しています。委員会室などにカメラやマイクなどの設備が整っていないが費用をおさえたいという場合には、設備に応じた配信方法を使い分けるなどの工夫が有効でしょう。

　留意すべき点としては、無料でのサービスは職員の作業負担が大きくなったり、時には Ustream のように途中で有料化してしまうなど、サービスが変更されるケースもあるので注意が必要です。

（図）委員会の動画配信は YouTube を利用している

（出典）山陽小野田市議会ウェブサイト（http://www.city.sanyo-onoda.lg.jp/site/sigikai/iinkai-relay.html）

CHAPTER 3 | 改革項目と先進事例

12 動画と資料の関連づけ

Key Point

住民が見て理解しやすいように、動画を工夫して公開することが必要
です。会議名はもちろんのこと、議案や会議録、参考資料などをわか
りやすく関連づけて、動画を公開しましょう。

動画だけでは何を話しているのかわかりにくい

議会の動画を公開することは、一般的な情報公開の取り組みとして各議会で
定着してきました。しかし、単に会議の動画だけを公開しても、どのような議
案や資料について議論しているかがわかりにくい点は否めません。さらに定着
したとはいえ現在議会の動画を視聴しているのは自治体職員や議員などの専門
知識を持った関係者が多いといわれています。今後は、前提となる行政の知識
を持たない住民が動画を見てもすぐに理解できるような工夫が必要です。

テレビの番組で、番組のタイトルやそのコーナーの見出しなど、補足説明が
表示されているのを見たことがあるでしょう。議会の動画も同様で、何らかの
補足説明が必要です。普段テレビやインターネットで動画を見慣れている住民
が、全く補足説明もない、議員が話し合っているだけの動画が流れているだけ
では、内容を正しく理解するのは簡単ではありません。せっかく何かのきっか
けで議会のウェブサイトを訪れ、動画を見てくれるのですから、少しでもわか
りやすくなるような配慮が必要ではないでしょうか。少なくとも、どのような
会議（会議名）で、どのようなこと（議案）について、どのような人（発言者
の役職や氏名）が発言しているのか、がわかる仕組みはほしいところです。動
画を見ていても理解できなければ、関心は持てないでしょうし、場合によって
は見ることを止めてしまうでしょう。

52

専門知識のない住民にもわかるように

　動画公開の取り組みをもう1歩進めて、動画を掲載しているページから、議事録が確認できるページに移動できるリンクがある、あるいは動画と議事録を一緒に表示している、という議会もあります。これによって議論全体の流れが把握しやすくなりますし、聞き慣れない専門的な用語もわかりやすくなります。他にも、会議で使われている資料や、関係する資料が合わせて確認できれば、さらに理解しやすくなります。逆に、そうした議会での議論を理解するための手掛かりとなる情報が全くないまま動画を見ていると、まるで会議に参加しているのに自分にだけ資料が配布されないようなもので、初めて見た住民は戸惑ってしまうでしょう。

　議会改革度調査ではこのような動画と資料の関連づけについて聞いています。動画と合わせて「会議名」が確認できる議会は42％となっているものの、「議案」が確認できる議会は10％、動画を表示しているページから「会議録が確認できるページ」へのリンクがあるのは8％、「参考資料」へのリンクがあるのはわずか3％です（2017年度時点）。

より使いやすくなる工夫を

　今後も動画の配信の取り組みは広まっていくことが予想されますが、次の1歩としては、より使いやすくする工夫が必要でしょう。例えば、知りたいことをキーワードで検索すると、その言葉を発言しているシーンが動画で確認できる仕組みです。つまり、会議録と動画の連動です。同様に、議論の際に使われている資料を動画と一緒に表示する、あるいは発言内容を字幕として映像と一緒に表示させることで、より内容を把握しやすくなります。

　このような取り組みが一般化すれば、住民にとってもわかりやすくなりますし、自治体職員や議員にとっても便利で使いやすいウェブサイトになることが期待できます。

CHAPTER 3 | 改革項目と先進事例

実践例とポイント

[福島県矢吹町議会]
会議録と一緒に動画を公開

　矢吹町議会では、本会議の動画と一緒に発言内容や会議録を表示しています。議論の流れを把握しやすいというメリットがあり、また、専門知識を持たない住民が聞き慣れないような難しい用語も文字で認識することができ、理解が深まる助けとなっています。

（図）本会議の動画を発言内容や会議録と共に公開している

（出典）矢吹町議会ウェブサイト本会議録画配信システム（http://smart.discussvision.net/smart/tenant/yabuki/WebView/rd/council_1.html）

2　情報共有［13. 賛否結果と理由の公開］

13　賛否結果と理由の公開

Key Point

議案に対する賛否の結果は、議決機関においてとても重みのあるものです。賛否結果につき、会派単位だけでなく「議員個人」の結果も公開しましょう。また、「議会」としてどのような議論を経て賛成・反対となったのか、その経緯等をわかりやすく公開することも重要です。すべてインターネット上で公開しましょう。

賛否結果の公開はなぜ必要？

　有権者は、4年に1度の選挙で、住民の代表として1票を議員に託します。その議員が、1つひとつの議案に対してどのような意思決定をしたのか、賛否の結果をひろく住民に対して公開することは当然のことといえます。

　また、議会は議決機関です（自治法96条）。各議員個人がどのような意思表示を行い、どのような議論を経て、その結論に至ったのか、一連の経緯をわかりやすく周知することは、議決機関としての議会に求められる非常に重要な役割です。そのなかでも、賛否結果と理由の公開は、特に大きな意義があります。

賛否結果とその理由を公開する

　議会改革度調査では、賛否結果と理由の公開状況を確認しています。結果、「議員個人の賛否結果をインターネットで公開している」と回答した議会は51％、「会派単位の賛否結果をインターネットで公開している」と回答した議会（会派のない議会を除く）は20％でした（2017年度時点）。

　また、「議会の中で話し合われた賛成理由をインターネットで公開している」「議会の中で話し合われた反対理由をインターネットで公開している」はとも

55

に20％、「議員個人の賛成理由をインターネットで公開している」「議員個人の反対理由をインターネットで公開している」はともに8％にとどまりました。

　取り組みを進めるために、まずは、議員個人の賛否結果を公開するとともに、その理由を掲載することを検討しましょう。すべての議案でなくてもかまいません。地域にとっての重要議案や意見が分かれた議案について、詳しく記載するのです。住民にとって知りたいことは、賛成・反対の結果だけでなく「なぜ、その議員は賛成・反対したのか」、それらの理由です。また、議員個人だけでなく、「議会総意としての」賛成・反対理由（賛成・反対討論のまとめなど）をわかりやすく公開することも有効でしょう。

公開はインターネットでわかりやすく

　さらに、賛否結果と理由を議会ウェブサイトなどインターネット上に、「住民目線で」わかりやすく整理して公開しましょう。賛否結果を知ることは、住民にとって、議会の活動への理解を深めるきっかけにもなりますし、選挙時に議員を選ぶ際の有効な判断材料にもなります。以下、議員個人ごとの賛否結果掲載例、議案ごとの掲載例を紹介します（図）。

（図）議案の賛否結果公開の例

議員個人の賛否結果			
	議案A	賛成	理由）制定当時から年数が経っており改正が妥当であるため
	議案B	反対	理由）費用対効果について疑問が残るため
	議案C	賛成	理由）特になし

議案ごとの賛否結果		
○○に関する議案		賛成多数で可決
賛成意見のまとめ	○○○	
反対意見のまとめ	○○○	

2　情報共有［13. 賛否結果と理由の公開］

実践例とポイント

［島根県浜田市議会］
反対・棄権の理由を掲載

　浜田市議会は、議員個人の賛否結果をすべて議会ウェブサイトで公開しています。特筆すべき点は、反対・棄権した場合は、議員ごとにその「反対・棄権の理由」を掲載していることです（図参照）。

（図）反対理由等を議案ごとに整理して公開

反対理由

議案第53号　平成30年度浜田市一般会計補正予算（第1号）

議員名	反対理由
三浦　大紀	ふるさと体験村維持管理事業について、原案にある直営での運営方法、費用対効果について賛成できなかったため。
西川　真午	ふるさと体験村維持管理事業において、経営改善もなされないまま、補正予算が組まれ事業が継続される事に反対であるため。
川上　幾雄	補正額全体からすれば当補正は約10%であるが、報告を受けた「検証委員会報告書」に見られる「公社は経営としての体を為しておらず、市の直営のような状況であり」が示すように、市直営のような公社ですらこのような状況となった事は、今後直営による経営を続けると、今補正を大きく越える追加補正を生み出す可能性が大である。加えて3月議会にてされた、地域住民の参加を得て直営を行うとの事も実行できないなど、このままでは改善が期待できない。これで見のがすことはできず、やむなく53号全体に不を表した。
笹田　卓	修正動議を提出する為

（出典）浜田市議会ウェブサイト（http://www.city.hamada.shimane.jp/www/top
page/1100000000001/APM03000.html）

　「反対理由」を掲載するにあたっては、全員協議会で書類が配布され、各議員が議案への賛否（〇、×）と反対・棄権の理由を記載し提出します。そして、議会事務局がデータを集約し、議長決済のうえで公開しています。テキストで一覧にしており、理由の比較もしやすく、後から閲覧しその理由をたどることも可能になっています。

57

CHAPTER 3 | 改革項目と先進事例

14 視察の公開

Key Point

視察は、その目的や意義・効果、結果をひろく公開する必要があります。視察報告を充実させ、議会ウェブサイトなどインターネット上で公開しましょう。また、視察の成果を住民と共有するため、報告会を行うことも検討しましょう。

議員の視察とは

視察とは、現地に赴いて実際に見聞きして調べることです。地域の課題の解決策や将来の政策のあり方を先進地に学ぶため、海外や国内に出かけて調査を行います。

いわゆる議員の視察には2種類あります。1つは、議会として行うものです。地方自治法は、「議会は、議案の審査又は当該普通地方公共団体の事務に関する調査のためその他議会において必要があると認めるときは、会議規則の定めるところにより、議員を派遣することができる」（100条13項）と定めています。ここでいう「派遣」が視察にあたり、委員会などで調査のために視察を行っています。

もう1つは、政務活動費を使用して実施する視察です。政務活動費は、調査研究などのために使用することが可能となっており、議会の公式な活動とは別に会派や議員個人で視察を行います。

視察の公開状況

議員の視察は、税金を使用して行うものであることから、その目的や意義、効果、結果を住民に対してひろく説明する責任があります。しかし、現状は視

58

察報告を公開していない議会も多数あり、また、公開していたとしても「〇月〇日〇〇へ〇〇を視察に行った」といった"小学生の日記"と批判されても仕方がないような、簡略な報告で済ませてしまっている議会も少なくありません。

議会改革度調査では、視察報告の公開状況を確認しています。結果、視察の報告についてインターネット上で公開している割合は、「委員会による視察」は42％、「政務活動費による視察」は20％にとどまりました（2017年度時点）。

視察は、そもそも地域の重要な課題を解決するための情報収集が目的であり、視察者は先進地から多くの気づきを得ているはずです。「行きっぱなし」では、住民から"観光旅行"と批判されても仕方ありません。住民とその成果を共有できるよう、視察内容を可視化して議会ウェブサイトなどインターネット上で公開しましょう。また、住民に対して直接に視察内容を報告する場を設けることも検討しましょう。

本来の視察報告のあり方

視察先は、やみくもに選ぶものではありません。重要な議案審査や、委員会の重要テーマに沿って、最適な場所へ行かなくてはなりません。そのため、まずは課題設定が重要です。課題設定がないまま視察を実施するだけでは、得る

（図）課題解決の１プロセスとしての視察

現状：課題設定や視察後の考察が不足しているケースが多い。

本来：視察の目的（課題）を明確にし、取り組み全体をオープンに。

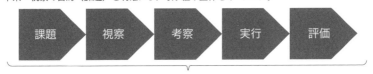

CHAPTER 3 | 改革項目と先進事例

ものは少ないでしょう。図で示したように、①課題を設定し、②視察を実施し、③考察を行い、④自身の地域で実行し、⑤評価・検証を行うことが重要です。

　つまり、本来の視察報告のあり方は、政策・課題・取り組み全体の報告を行うべきものといえます。

実践例とポイント

[宮崎県日向市議会]
視察報告会を開催

　日向市議会では、市政の発展に役立てることを目的に、常任委員会、特別委員会及び議会運営委員会で、先進的な取り組みを学ぶための視察を行っています。

　ポイントは、その報告のあり方です。毎年、各委員会がそれぞれ視察した内容について報告会を行っており、その報告資料を議会ウェブサイトで公開しています。視察に参加していない議員、住民、職員に対して報告することが前提となっているため、報告資料はプレゼンテーション形式をとり、わかりやすくまとめられています。この地道な取り組みが、視察で得た有効な施策を市政に反映させることや議員の資質向上にもつながっているといえます。

2　情報共有［15. 政務活動費の公開］

15　政務活動費の公開

Key Point

政務活動費に関する情報として、「収支報告書」、「会計帳簿」、「領収書」の3点セットを公開することが必要です。いつでも、誰でも、無料で見ることができるインターネットで公開しましょう。

インターネットでの公開が大前提

　政務活動費に関する情報としては、「収支報告書」、「会計帳簿」、「領収書」があります。この3点をセットで公開することが必要です。領収書まで公開するとなると、事務局の手間が増えるから大変だというような議論がありますが、政務活動費の原資は税金であり、その透明性を高めておく必要があるのはいうまでもありません。

　住民が政務活動費に関わる資料を参照するためには情報公開請求が必要で、複写には多額の費用がかかり、議会事務局でないと閲覧できないということでは、全く意味がありません。これでは、「議会に見に来い」という「住民ファースト」に反する立ち位置です。「議員ファースト」でなく、「住民ファースト」の視点に立ち、公開のあり方を考える必要があります。いつでも、誰でも、無料で見ることができる、インターネット上での資料公開を大前提とすべきです。

収支報告書

　収支報告書とは、政務活動費に関する収入と支出について、調査研究費、研修費や広報費などの大項目ごとの金額をとりまとめたものになります。議会改革度調査によると（2017年度時点）、「紙媒体での公開」が33%、「インターネットでの公開」が44%でした。また、「公開請求があった場合のみ公開して

61

いる」は17％で、「非公開」は0％でした。収支報告書の公開は、他の関係資料に比べると、取り組みとしては進んでいますが、使途の全体像はわかるものの、細かい点までをチェックすることができません。

会計帳簿

会計帳簿とは、収入や支出の詳細（日時や内容など）について示したもので、お金の流れを理解することができます。議会改革度調査では（2017年度時点）、「紙媒体での公開」が16％、「インターネットでの公開」が14％でした。また、「情報公開請求があった場合のみ公開している」は25％で、「非公開」は12％でした。

領収書

領収書は、会計帳簿にある支出の1つひとつの根拠となる書類です。議会改革度調査では（2017年度時点）、「紙媒体での公開」が26％、「インターネットでの公開」が18％でした。また、「情報公開請求があった場合のみ公開している」は33％で、「非公開」は1％でした。領収書の公開は、他の資料に比べると進んでいませんでしたが、昨今の各議会の不祥事などもあり、議会ウェブサイトなどインターネット上で公開する議会が増えています。同時に、この領収書の公開により、新たにさまざまな不祥事が明らかになってきたことも事実です。

情報公開請求の内容の流出

政務活動費に対する情報公開請求の請求者である個人名や報道機関名が議員に漏れる事態が相次いでおきました。また、議会事務局に対してなされた政務活動費関係の書類の請求に対し、事務局の職員が議員に対して、その内容を伝えるということも起きました。これは、情報公開制度そのものの信頼をなくす行為ですので、慎まなければなりません。総務省も、開示請求の萎縮や制度の信頼性の低下につながるおそれがある、などとして注意喚起しました。

2　情報共有［15. 政務活動費の公開］

実践例とポイント

［東京都町田市議会］
項目ごとに領収書を分けて掲載

　政務活動費の適正な使用のためには領収書の公開が必須ですが、現状では、単に領収書を PDF 化しているだけの議会が多いようです。町田市議会では、1 歩進んで項目ごとに領収書を分けています。広報費については、実際に作成した広報物も掲載しています。

　また、調査研究活動では、どのような行程で活動を行い、どのような成果があったかを掲載している議会もありますが、内容は、まだまだ不十分なものが多いです。しかし、多くの議会ではその報告書すら掲載されていません。

（図）政務活動費の項目ごとに領収書を整理して掲載している

平成28年度

平成28年度会派別収支報告一覧表（PDF 73KB）

　　自由民主党会派

収支報告書（PDF 111KB）
領収書等（調査活動費）1（PDF 5,247KB）
領収書等（調査活動費）2（PDF 5,699KB）
領収書等（調査活動費）3（PDF 5,086KB）
領収書等（調査活動費）4（PDF 4,646KB）
領収書等（研修・研究・会議費）（PDF 2,822KB）
領収書等（資料購入費）1（PDF 3,803KB）
領収書等（資料購入費）2（PDF 5,359KB）
領収書等（広報費）1（PDF 5,958KB）
領収書等（広報費）2（PDF 4,450KB）
領収書等（通信運搬費）（PDF 7,220KB）
領収書等（事務費）1（PDF 4,002KB）
領収書等（事務費）2（PDF 2,262KB）

（出典）町田市議会ウェブサイト（https://www.gikai-machida.jp/g07_shiryo3.asp）

CHAPTER 3 | 改革項目と先進事例

16 政務活動費のチェック

Key Point

政務活動費は、適切に使われたかどうかのチェックが大切です。議員
自身や議会事務局が、基準に従った支出であるかどうかをチェックす
るとともに、第三者による外部からのチェックを導入することも検討
してみましょう。

チェックの重要性

　政務活動費を適切に運用していくためには、適正な使用がなされたのかどう
かというチェックをすることが大切です。政務活動費の収支報告書等の情報公
開をすすめると同時に、どのようにチェック体制を構築するべきかという視点
からも取り組みをすすめましょう。

　まずは、基準に従った支出であるかどうかにつき、議員自身や議会事務局に
よるチェックをしっかり行う必要があります。次に、弁護士や公認会計士など、
第三者による外部からのチェックも検討してみる必要があるでしょう。きちん
としたチェック体制がないと、結果として住民監査請求や訴訟に至るような事
態となる可能性があります。

　政務活動費の使い方は、基本的には各議会が作成したマニュアルのなかに詳
細に定められています。まずは、議員がこのマニュアルに沿って政務活動費を
使用するということ、そして議会事務局がしっかりとチェックを行うことが重
要です。そして、もし定められた使途にあわない場合には、受け付けないこと
が必要です。政務活動費の不正使用が明るみになった事例では、議会事務局の
反対を押し切って支出させたということもありました。ここでは、議長と議会
事務局がタッグを組み、毅然とした態度でのぞむことが必要です。

64

第三者による外部チェックも

政務活動費の支出のチェックにおいては、議会事務局のチェックが最も重要ですが、それでも、あくまで内部によるチェックです。そこで、専門家などによる外部チェックを導入している議会があります。議会改革度調査では、「議会事務局のチェック」が85％、「弁護士」が３％、「公認会計士」が２％、「税理士」が１％、「学識者」が１％となりました（2017年度時点）。

大阪市会では、「大阪市会政務活動費専門委員設置要綱」を定め、弁護士や公認会計士にチェックを依頼しています。ただし、第三者がすべての支出をチェックすることは現実的には、不可能です。第三者の活用方法としては、支出の基準を作ってもらったり、事務局で支出の妥当性を判断する場合に、あいまいなものについて確認してもらったりするというのが現実的でしょう。

不正受給の問題

政務活動費の不正受給の問題が全国各地で起きています。その手口は、白紙の領収書をもらって好きな金額を書き込むものから、領収書の偽造に至るまで、さまざまです。また、切手やプリペイドカードの大量購入などを行う、グレーな行為もあります。

不正受給の問題は、一部の議員が起こした不祥事というだけにとどまらず、総じてそのような不正が地方議会すべてで行われているというようなイメージを作り出してしまうことです。政務活動費の原資は税金であるということを第一に、本当に住民のためになるようなことに政務活動費を使っているのかどうかということを常に考えなければなりません。

実践例とポイント

[大阪府議会]
領収書も検索しやすく

政務活動費で支払った領収書を公開する流れが進んでいますが、現状、領収書をPDF形式で、会派や議員ごとに見ることができる仕組みが主流となっています。

大阪府議会では、2015年からすべての書類をインターネット上で公開しており、各会派・各議員の収支報告状況が「年度」・「会派」・「議員名」から検索できるようになっています。大阪府議会の先進的な取り組みのように、今後は、単に関連資料を掲載するだけではなく、検索を可能とするなど、公開の方法や見せ方が問われてきます。

（図）政務活動費に関連するすべての資料を検索できる画面

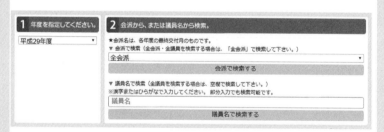

（出典）大阪府議会ウェブサイト（http://www.seikatu.pref.osaka.lg.jp/）

2 情報共有［17. 議会だより］

17 議会だより

> **Key Point**
>
> 文章の難しさや内容の詰め込みすぎなどの理由から「議会だよりが住民に読まれない」現状が、全国共通の課題となっています。なぜ読まれないのかを検証し、専門家や住民の意見も取り入れ、「読みたい」と思ってもらえる議会だよりへ変革しましょう。

議会だよりは、読まれている？

　議会の活動を知ってもらうことを目的として、多くの議会が「議会だより」を発行しています。

　議会改革度調査では、議会だよりの年間発行回数を確認しています。結果、「年４回」が82％、「年５回以上」が15％、「発行なし等」が３％でした（2017年度時点）。つまり、ほぼすべての議会が年に複数回発行している現状にあります。

　また、北海道芽室町議会のように、毎月１回ずつ「年12回」発行している議会があります。兵庫県三田市議会のように、通常配布する議会だより『つなぐ』に加えて、インターネット上だけに掲載する議会だより『ネット DE つなぐ』を発行している議会もあります。

　このように多くの議会が熱心に議会だよりを発行している一方で、住民から「読まれない」という共通の課題を抱えているのも事実です。

検証し、第三者・住民の目を入れる

　議会だよりは、議会と住民とをつなぐ、重要なコミュニケーションツールの１つです。しかし、発行はしているものの、それがどれだけ住民に認知されて

67

いるか、読まれているか、検証している議会はどれくらいあるでしょうか。

　議会改革度調査では、議会だよりに関する取り組みについても聞いています。結果、「どの程度読まれているかの住民アンケートを実施している」と回答した議会は8％、「内容を改善するための住民アンケートを実施している」と回答した議会は7％にとどまりました（2017年度時点）。このように、多くの議会が議会だよりを発行しているものの、住民に対するアンケート調査を実施していない状況にあるのです。

　また、「有識者や専門家に意見を聞いている」は9％、「議会だよりに関する住民モニターを活用している」は4％でした。議員と議会事務局だけで一生懸命に作成することは素晴らしいことですが、それだけでは「議会の目線」にとどまってしまう恐れがあります。議会の活動を住民に知ってもらうためにも、読んでもらえる、わかりやすい議会だよりをつくる必要があります。「住民の目線」で、どのようなコンテンツやレイアウトが読まれるのか、第三者や住民による議会だよりモニターの意見を取り入れて見直し、「読みたい」と思ってもらえる議会だよりへと変革していくことが必要です。

実践例とポイント

［東京都あきる野市議会］
議会だよりの全面リニューアル

　あきる野市議会は、2013年に議会だよりを全面リニューアルしました。今では、議会だより改善のリーディングケースとして有名になり、その手法を真似して議会だよりをリニューアルするケースが後を絶ちません。

　リニューアルのきっかけは、若手を中心とした議員と議会事務局職員が「はたして、この議会だよりは読まれているのか」と疑問を抱いたことでした。その後、「議会報編集特別委員会」のなかに「議会報

調査研究グループ」を設置し、全国から議会だよりや広報誌を取り寄せ、調査をスタートさせました。

　この取り組みのポイントは、「市民に直接意見を聴く場を設けたこと」です。その手法は、市役所1階の一番目立つ玄関ホールに「投票所」を設け、当時のあきる野市議会だよりの表紙とともに、各地の広報誌の表紙を貼り出し、「何番の冊子を手にとって見たいですか？」と市民に問いかけたのです。投票の結果、あきる野市議会だよりは下から3番目となりました。

（図）住民に対して議会だよりの投票を実施

（出典）あきる野市議会

　この結果をもとに、大幅なリニューアルが行われました。まず、フルカラー化するとともに、議会だよりのタイトルをキャッチーな「ギカイの時間」へと変更しました。さらに、議会だよりの表紙には人物を大きく配置した写真を掲載し、住民が思わず手にとってみたくなるイメージをつくり出したのです。

また、コンテンツやレイアウトも大きく見直しました。コンテンツの工夫としては、巻頭ページ特集で「子育てママ」や「大学生」など、これまで議会とは縁遠いとされがちだった層の座談会を毎回組んで、新たなターゲット層の取り込みを狙っています。レイアウト面の工夫としては、誌面の余白を大事にし、文字は詰め込みすぎず、また、全体のデザインの統一にも力を入れました。

　そして、重要なポイントは、さらなる検証です。あきる野市議会は、リニューアル後も住民アンケートを実施しています。まだまだ改善の余地があるとしていますが、「読んでいる」「読むこともある」を合わせて6割近くにのぼりました。このように、検証と改善を繰り返すことで、着実に住民が読みたくなる議会だよりへと変革を続けているのです。

（図）デザインの刷新のほか、コンテンツ面では新たなターゲット層の取り込みを狙う

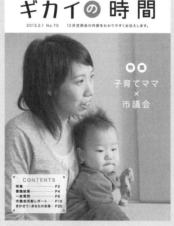

（出典）あきる野市議会

2 情報共有［18. 議会ウェブサイト］

18 議会ウェブサイト

Key Point

議会ウェブサイトは住民が閲覧しやすいように、情報を整理してわかりやすく掲載しましょう。また、執行部に依頼せずとも議会だけで更新ができる環境を整えることも必要です。さらに、使いやすさを外部評価したり、アクセス数をチェックして、改善につなげましょう。

議会ウェブサイトの重要性

　インターネットの普及により、現代では必要な情報はウェブサイト（ホームページ）から得ることが多くなっています。議会においても、その概要や活動について、ウェブサイトを通して情報提供することが重要です。ウェブサイトがまだない議会は、ウェブサイトをつくることから始めましょう。

　議会ウェブサイトをつくるうえで肝心なことは、「ユーザー視点」です。住民の知りたい情報をわかりやすく整理して掲載しましょう。また、サイトの更新が滞っていると住民の関心は薄れてしまいます。できる限り、議会に関する情報を継続的かつ速やかに更新しましょう。

わかりやすく「見える化」

　議会情報をわかりやすく「見える化」するためには、どのようなことが必要でしょうか。5つの段階で考えてみます。

　1つ目は、「入り口」です。自治体のウェブサイト中に、議会ウェブサイトへのリンクをわかりやすい位置に見やすく設置しましょう。

　2つ目は、「情報の整理」です。掲載している情報が多すぎて、必要な情報が埋もれてしまう議会ウェブサイトがよく見られます。まずは、大項目となる

71

メニューをわかりやすく配置しましょう。そして、必要な情報は、3クリック以内を目安に、アクセスできるようにしましょう。

3つ目は、「更新のしやすさ」です。担当者が必要に応じて速やかに更新できる環境を整えましょう。この点については、議会改革度調査でも確認しています。その結果、「議会で自由に（執行部に依頼しなくても）更新ができる」議会は62％ありましたが、「執行部とは別に独自ドメインを使用している」と回答した議会はわずか8％でした（2017年度時点）。執行部と同じウェブサイトのフォーマットで上手く議会情報が掲載できればよいですが、議会自身がカスタマイズしやすいよう独自ドメインを取得することも検討が必要かもしれません（例えば、住民からの声をもとにトップページに議会カレンダーを置く議会も増えています（北海道芽室町議会、神奈川県相模原市議会など））。

4つ目は、「スマートフォンへの対応」です。現代では、インターネットを閲覧する際にパソコンではなくスマートフォンを利用する場面が多くなっています。議会情報もスマートフォン対応ができるようにしましょう。

5つ目は、「外部の目から見た検証」です。議会ウェブサイトが見やすいかどうか、住民や専門家に評価してもらったり、アクセス数を定期的にチェックすることも必要です。

住民の関心をつかむ

住民の関心をつかむ工夫も、大切です。最近では、議会ウェブサイトに目を引くキャッチコピーをつける議会が出てきました。例えば、大阪府泉大津市議会はウェブサイトタイトルに大きく『議会は意外とおもしろい』と掲載しています。愛知県安城市議会の『やるじゃん ANJO！』、岐阜県可児市議会の『開けてみよう議会のトビラ』などのキャッチコピーも目を引くものです。これまでのかしこまった議会のイメージから一歩踏み出して、住民の関心をつかみにいく積極的な姿勢も大事でしょう。

2　情報共有［18. 議会ウェブサイト］

実践例とポイント

[大阪府泉大津市議会]
わかりやすいサイトづくり

　泉大津市議会のウェブサイトは、大きなキャッチコピーとわかりやすいメニューの配置に特徴があります。

（図）大きなキャッチコピーが印象的なウェブサイト

（出典）泉大津市議会ウェブサイト（http://izumiotsu.gsl-service.net/）

　「議会資料館」には、予算・決算書などの議会資料や市の計画などを横断して検索できる機能があります。また、「議員紹介」には所属会派や委員会などの基本情報には「市民に伝えたい想い（議員になった理念や動機など）」も掲載されています。

CHAPTER 3 ｜ 改革項目と先進事例

19 SNS

> **Key Point**
>
> 議会の活動をより身近に住民に知ってもらうため、情報発信のツール
> として積極的にSNSを活用しましょう。
> その特性を十分に学んだうえで、住民の知りたい情報を発信すること
> が大切です。

SNSとは

　SNSとは、Social Networking Service（ソーシャル・ネットワーキング・
サービス）の略で、インターネットを介して人間関係の構築や交流をすること
ができるサービスです。メッセージとともに写真や動画などを共有し、簡単に
コミュニケーションを図ることができます。SNSは世界的に利用者が増えて
おり、日本での利用率は、2012年は4割程度でしたが、2016年には7割を超す
までになりました。SNSの代表的なサービスの利用割合を見てみると、
LINEが67％、Facebookが32％、Twitterが28％となっています（図）。また、
最近では写真を共有する「Instagram」の利用も女性を中心に急増しています。

議会でのSNS活用状況

　こうした社会的変化を受け、「開かれた議会」の取り組みの一環として、議
会ウェブサイト以外にもSNSで情報を発信する議会が少しずつ増えてきまし
た。

　議会改革度調査では、SNSの取り組み状況について確認しています。結果、
「Facebookを議会として活用している」と回答した議会は9％、「Facebookを
議会事務局として活用している」は5％、「Twitterを議会として活用してい

2 情報共有［19．ＳＮＳ］

（図）代表的ＳＮＳの利用率の推移

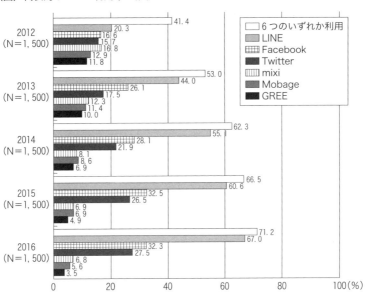

（出典）総務省情報通信政策研究所「情報通信メディアの利用時間と情報行動に関する調査」（平成29年版情報通信白書）

る」は３％、「Twitterを議会事務局として活用している」は２％でした（2017年度時点）。

　なお、「議会として活用している」は「〇〇議会」としてアカウントを取得し運営するものです。一方、「議会事務局として活用している」は「〇〇議会事務局」としてアカウントを取得するため、議会の総意ではなく議会事務局だけの判断で運営することができます。議長の承認なしに情報を迅速に発信できることから、議会事務局で運営する議会も一定割合あります。このほかにも、高知県四万十市議会のように「LINE」を活用して、情報発信をする議会もあります。

ＳＮＳ活用のポイントと注意点

　ＳＮＳは、短いメッセージで情報発信をすることが特徴でもあります。その

ため、あくまで「情報の入り口」として活用し、詳細は議会ウェブサイトなどに掲載するのがよいでしょう。そして、住民にとって「知りたい」情報を掲載し、「見てみたい」と思わせるような工夫を施すことも必要でしょう。画像や動画などを入れると閲覧数が増えるという研究結果もあります。

　また、ＳＮＳは拡散機能もあることから、安易な書き込みによるトラブルや誹謗中傷などには十分注意が必要です。議会内でＳＮＳの運用ルールをしっかり定め、誰でも投稿や返信が気持ちよくできる環境を整えましょう。

実践例とポイント

［長崎県長崎市議会］
議会事務局が Facebook を運営

　長崎市議会では、議会事務局が Facebook を運営しています。市民が議会に親しみを持ち、議会に触れる機会を少しでも多く持ってもらいたいとの思いから、事務局職員による提案をきっかけに2014年に取り組みがスタートしました。開設から約１年３か月でページの登録者数が1,500名を超し、自治体議会 Facebook のなかで日本一「いいね！」を保有するまでになりました。

　運用にあたっては、①スピード感のある更新、②生きたページとするためのこまめなリリース、③読み手を意識した読みやすい記事の作成を心がけています。開会中は審議結果の速報を翌日の朝刊よりも早く住民に届け、閉会中は住民目線に近づくよう更新内容の試行を重ねています。執行部側ではなく議会事務局側から見た視点での情報発信を心がけ、日々更新を続けています。

　この取り組みの特筆すべきポイントは、「閉会中の活動に関する発信」です。開会・閉会問わず、毎日情報を更新していくことで、住民に伝わりにくい閉会中の議会活動も届けているのです。

2　情報共有［19．ＳＮＳ］

（図）Facebook キャラクター「バテイさん」（左）
事務局が Facebook を運営（右）

（出典）長崎市議会
（注）「バテイさん」は、長崎市議会議場の議席が馬蹄形であることをヒントに職員がデザイン。

77

CHAPTER 3 | 改革項目と先進事例

20 広報戦略

Key Point

議会には複数の広報ツールがありますが、より効果的・効率的に住民に届けるためには、それらを体系的に整理した広報戦略が必要です。広報のあり方を改めて見直し、広報の目的やターゲット、数値目標を明確に定めましょう。効果を検証することも重要です。

広報戦略はなぜ必要？

皆さんの議会には、ウェブサイトやSNS、議会だより、ポスター、メールマガジン、プレスリリースなど、さまざまな広報ツールがあると思います。しかし、それぞれを個別に運用するだけでなく、体系立てた広報戦略を作成している議会はどれくらいあるでしょうか。

本来、広報には戦略が不可欠です。民間企業であれば、広報の目的やターゲットを明確に設定し、一番効果的かつ効率的な手法で実施します。また効果があったのか、数値目標の達成度や検証を行うことも当然のこととして行っています。

もちろん、議会はすべての住民を対象に活動することが基本ではありますが、広報ツールごとにそれぞれ適した目的やターゲットがあるはずです。

広報戦略がない議会が多い

議会改革度調査では、広報全般に関する取り組みについて確認しています。結果、広報について「戦略を設定している」と回答した議会はわずか3％にとどまりました（2017年度時点）。また、広報手段ごとについて「目的を設定している」は10％、「ターゲット（年齢や性別などの対象）を設定している」は

78

2　情報共有［20. 広報戦略］

4％、「目標となる数値などの成果指標を設定している」は2％、「効果を検証している」は5％でした。

　つまり、広報戦略を立てて、それに沿って広報を実施している議会はごくわずかということになります。これでは、住民にきちんと届けたい情報が伝わっているかわかりません。議会においても、広報のあり方について議論して見直す機会を持ち、それぞれの広報の目的やターゲット、目標値を定め、広報戦略を作成することが必要です。

検証の重要性

　広報は、「伝わること」が肝心です。まずは、議会の広報がきちんと伝わっているかどうか、現状を分析することから始めましょう。どのような層に、どの程度届いているのか、定期的に数値で把握すると、議会全体の認識としてぐんと共有しやすくなります。議会だよりなどはアンケートを実施して、議会ウェブサイトなどはアクセス数をチェックします。そして、その時代にあった広報ツールを取り入れていくことも必要です。

　最も大切なことは、議会側が「伝えたい情報」ではなく、住民側が「知りたい情報」を提供することです。現状や効果をきちんと検証することで、有効な広報のあり方を実現しましょう。

実践例とポイント

[神奈川県相模原市議会]
ターゲットの設定

　相模原市議会は、議会ウェブサイトのリニューアルに際し、戦略を練りながら進め、その効果をあげた議会です。「議会改革等に関する検討会」で議会ウェブサイトの充実を図ることを決定し、二元代表制にふさわしい情報発信のあり方を検討しました。結果、議会単独の

ドメインを取得し、執行部のウェブサイトから独立した管理運営を行うことで、より迅速に議会独自の情報を届けることになりました。

この取り組みのポイントは、ターゲットの設定です。相模原市議会は、議会ウェブサイトのターゲットを検討するため、旧来より配布している「議会だよりの閲覧者」について現状分析を行いました。新聞折り込み等により約73％の世帯に配布していることを前提に、年齢別の閲覧者数を把握しました。結果、年齢層が高いほど「読んでいる」現状にあり、逆に若い層は大半が「読んでいない」「知らない」ことがわかりました。そこで、議会ウェブサイトは、20〜40代を主なターゲットにし、その世代に有効なコンテンツやデザインを決定していきました。ウェブサイトリニューアル後は、アクセス数のカウントを定期的に行い、着実に閲覧者が増えていることが確認できました。

（図）議会だよりの閲覧者について現状分析を行った

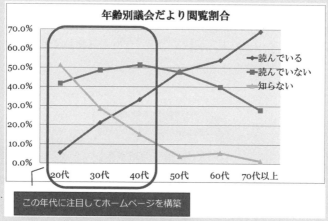

（出典）相模原市市政に関する世論調査結果（http://www.city.sagamihara.kanagawa.jp/shisei/shisei_sanka/yoron_survey/1005156/index.html）を加工して作成

～議会愛～
議会事務局職員と議員のコミュニケーション

茨城県取手市議会事務局局長補佐　岩﨑　弘宜

　「議会事務局職員と議員のコミュニケーション」と聞いて何を思い浮かべますか？　私たち取手市議会事務局職員と議員のコミュニケーションはどんなものなの？　といいますと…「お互いに信頼し、遠慮なく話をすること」です。話をしないと相手の気持ちや望むことを知ることはできません。

　取手市議会では日ごろから「会話」が多くの議員と職員の間で繰り広げられます。そんな会話から「気づき」、そして「何か」が見出されます。

　また、私たち議会事務局職員は、議会や議員の皆さんの最も近くでその様子を見ています。その過程で、「こうなったらいいのに」「こうしてほしい」といった、事務局職員の議会向上への「欲求」が発生します。こうした「欲求」を満たすことが議会や市がよりよくなることであると信じ、2016年の改選後、それまでの「新人議員説明会」を改め、「議会事務局職員による議員研修会」として丸々2日間開催いたしました。

　研修会では、事務局職員全員が講師役をつとめました。具体的には、議員は日ごろ市民からの相談を数多く受ける場面があるため、話を聴く姿勢を学ぶ傾聴体験、そして議員として知っておくべき政治倫理条例・政務活動費の支出に求められる倫理観などです。また、議会基本条例の理念を目指し真の政策提言をする二元代表の議会となるためには、質問や質疑ではなく「討議」の重要性を事務局として感じていたことから、グループワークによる「討議」の時間を数多く設けたこと

も特徴です。

　さらに、改選直後でもありましたので、初当選の議員に一般質問通告の提出から質問まで、2期目以上の議員は、市長や議長役、傍聴席から質問者の評価などの役割を分担して、模擬一般質問を実施しました。これは新人議員だけでなく、ベテラン議員にとっても普段とは違う視点から他者の質問の様子を見たり、答弁者役になることで、新たな何かが脳内に発生した様子で、事業後のアンケート結果でも、その気持ちが見えました。

　議員と事務局職員が完全なる上下関係に見える議会があるなか、私たち取手市議会事務局は、こうして議員と職員が対話できることを当たり前とは考えず、恵まれた職場環境と考え、それが働きがいとやる気につながっているとともに、市民に信頼される議会づくりの一助になっていると確信し、これからも「議会愛」を持って事務局職員一同ガンバります！

(図)「楽しく気づく」をテーマに議員研修会

(出典) 取手市議会

3 住民参加

「住民参加」とは

　これまでの議会活動は、主に議会と執行部のやりとりで完結する傾向にありましたが、議会改革が進むなかで、「開かれた議会」を目指す議会が増えつつあります。これからは、「開かれた議会」として、いかに議会のなかに住民参加の機会をつくれるかが、改革の成否にあたって大きなポイントとなるでしょう。

　議会改革度調査では、この「住民参加」の分野で、傍聴機会のあり方と工夫、バリアフリー、議会における住民の発言機会、住民意見の反映方法、シティズンシップの取り組み、住民と対話の場の開催とその手法などについて調査項目としています。

　住民参加にはさまざまな方法がありますが、議会内の制度を活用して行うことと、議会から外に出て住民参加の場を設けることの2点が特に重要と考えています。

「住民参加」の視点①〜傍聴しやすい環境づくり

　議会改革度調査では、会議について、①本会議、②予算審査を行う委員会、③決算審査を行う委員会、④予算決算以外の常任委員会、⑤予算決算以外の特別委員会、⑥議会運営委員会、⑦全員協議会の7つに分けて、その住民参加の状況を確認しています。

　マニフェスト研究所ではこの7つの会議すべてにおいて、名簿の記入や許可がなくても誰でも自由に傍聴できる環境が望ましいと考えています。

　また、住民の多様な層が傍聴できることが望ましいことから、バリアフリーの整備状況、子育て世代が参加しやすい工夫、夜間・休日議会や出張議会等の開催状況、などについても設問を設けています。

「住民参加」の視点②～多角的な住民参加の仕組みを

　「住民参加」を進めるための手法は１つではありません。場面によって適した手法があるため、多角的な取り組みが必要です。

　住民参加の代表的なものは、請願・陳情者が会議のなかで発言する機会を設ける方法です。また、参考人招致や公聴会制度を積極的に活用し、利害関係者や学識者からひろく意見を聴く場を設けることも必要でしょう。議会独自のアンケート実施や、住民から公募する議会モニター制度の活用などを通して、住民の意見を議会活動に反映させることも効果的です。

「住民参加」の視点③～住民との対話の場、シティズンシップ推進も

　少子高齢化・人口減少が進むなか、財政が厳しくなったことで、自治体は「あれかこれか」の選択を迫られるようになりました。地域の資源を活用し、どのように未来に向け地域づくりを行っていくのか、自治体そして議会の住民への説明責任は大きく増しています。

　こういった時代の変化を受け、議会内にとどまらず、議場を自ら飛び出して、議会と住民とが直接対話する場の重要性が増しています。また、そういった場を開くだけでなく、住民がひろく参加できるための工夫や、住民から出た意見を議会活動や政策立案に活かす仕組みを設けているか、というのも大事なポイントです。

　さらに、地方議会議員選挙は、投票率が下がり続け、無投票となる自治体が増えており、議員のなり手不足も深刻な問題です。2015年には公職選挙法が改正され、18歳まで選挙権年齢が引き下がりました。

　このような背景から、議会議員選挙や議会活動への理解を深め、地域の担い手づくりを育む場として、議会が主体となってシティズンシップを推進する取り組みにも期待しています。

21 傍聴機会

Key Point

住民参加の入り口として、傍聴があります。傍聴は議会の様子を一番身近に感じることができる方法です。住民がハードルを感じることなく傍聴することができるよう、会議を無条件で公開し、傍聴時の名簿の記入手続きをなくしましょう。資料を閲覧できる環境を整えることも大切です。

住民が傍聴しやすい議会のあり方とは

　地方自治法は「普通地方公共団体の議会の会議は、これを公開する。但し、議長又は議員三人以上の発議により、出席議員の三分の二以上の多数で議決したときは、秘密会を開くことができる」（115条）と定めています。ここでの会議は本会議を指しており、本会議は原則として公開しなくてはならないとされています。また、同法に直接の規定はありませんが、そのほかの会議についても、住民に対して開かれている状態であることが望まれます。

　住民が議会を身近に感じられる方法が傍聴です。議会においてどのような議論を経て可決に至ったのかという詳細や雰囲気を知るためには、議場に赴いて傍聴するのが一番わかりやすいでしょう。しかし、傍聴にあたって制約がたくさんあり住民が傍聴しにくい環境では、本当の意味で公開された議会とはいえません。風通しのよい議会づくりを展開するためにも、傍聴機会のあり方を見直すことが必要です。

無条件で公開し、名簿の記入手続きをなくす

　議会改革度調査では、傍聴機会の状況について確認しています。結果、本会

議について「無条件で公開している」と回答した議会は96％ありました（2017年度時点）。「長の許可が必要」は３％、「非公開」は０％でしたが、前述の通り本会議は原則公開ですので本来は100％であるべきです。

　また、常任委員会（予算・決算以外）については「無条件で公開している」は67％、「長の許可が必要」は28％、「非公開」は４％でした。議会運営委員会については「無条件で公開している」は58％、「長の許可が必要」は31％、「非公開」は11％でした。全員協議会については「無条件で公開している」は46％、「長の許可が必要」は26％、「非公開」は23％でした。

　また、「氏名や住所を記入しなくても自由に傍聴できる」と回答した議会は８％とごくわずかにとどまりました。本会議以外も、住民が傍聴しやすいよう無条件で公開し、名簿の記入手続きを廃止するなど、住民参加へのハードルをなくすようにしましょう。

住民が資料を閲覧できる環境の整備を

　傍聴者にとって、本会議や委員会などで議論されている議題や内容をただ聞いているだけではわかりづらいものです。議論の中身を知るためにも資料が必要となりますが、議題の羅列や議題番号だけを記載した資料だけでは不十分です。委員会などでは資料すらないこともあり、よほど関心がある住民しか傍聴に来なくなってしまうでしょう。

　現在、議会で議案として何が議論されているのか、執行部の担当部署はどこなのか、どのようなデータが提示されているのか、地域の課題や争点はどのようなものなのか、といった情報を、可能な限りわかりやすく資料で閲覧できる環境を整えましょう。

　最近では、紙の資料を配布するのではなく、傍聴席にもタブレットを数台設置して、傍聴者が議員と同じ資料を自由に閲覧できるよう工夫している議会もあります。

3　住民参加［21.傍聴機会］

実践例とポイント

［愛知県岩倉市議会］
気軽に傍聴を

　岩倉市議会は、2014年度から議会の傍聴規則を全部改正し、住民に開かれた議会づくりを実践しています。主な改正内容は、傍聴名簿の記入手続きの廃止、写真撮影・動画撮影を許可制から原則自由へ、傍聴者への審議資料の提供です。改正に伴い、規則の検証も合わせて実施しました。

　この取り組みのポイントは「より気軽に」傍聴してもらえるよう、呼びかけていることです。議会というと厳かなイメージがありますが、議会ウェブサイトでは「どなたでも傍聴できます」と呼びかけるとともに、資料配布やスロープなど写真を添えて案内を行っています。

(図)「より気軽に」傍聴を意識した取り組みをしている

(出典) 岩倉市議会ウェブサイト（http://www.city.iwakura.aichi.jp/gikai/0000001992.html）

87

CHAPTER 3 | 改革項目と先進事例

22 傍聴・利用しやすくするための工夫

> **Key Point**
>
> 誰もが傍聴しやすくするために、傍聴機会のあり方を議論し、機会創出のための工夫をしましょう。議会を住民にとってより身近な存在とするために、議会自ら外に飛び出して委員会を開催したり、議場を一般に開放したりする取り組みもよいでしょう。

住民目線で傍聴機会の創出を

　住民の代表機関である議会は、多様性を有する合議制の機関として、お手本となることが求められます。傍聴の機会についても、いかに議会の場に幅広い層の住民が積極的に関わってもらうか、住民目線で考える必要があります。そのためには、傍聴機会のあり方を工夫することが重要です。

　例えば、近年では人口減少・少子高齢化の対策に向けた議題が多いことから、子育て世代への施策などを争点にした議論などにおいて積極的に傍聴してもらえる工夫を凝らしてはいかがでしょう。その際、当事者である父親や母親など保護者への配慮として託児スペースやキッズスペース、補助スタッフを配備する視点も重要です。

　議会改革度調査では、傍聴・利用しやすくするための工夫について確認しています。結果、「本会議場が1階や入口付近などアクセスしやすい場所にある」と回答した議会は4％、「キッズスペースや親子傍聴席がある」は3％、「一時保育制度がある」は2％、「傍聴者が会話しながら傍聴できる席がある」は2％でした（2017年度時点）。

　これまでの「威厳ある」「格式高い」議会の雰囲気は、住民にとって近づきにくいものだったかもしれません。議会がより身近な存在となるために、さま

ざまな立場にある世代の住民が「気軽に」傍聴できる環境づくりが必要でしょう。

発想の転換で、議会が住民のもとへ赴く

ところで、議場で住民の傍聴を待つのではなく、議会が住民のもとへ赴くという発想の転換もあります。例えば、委員会などを議会棟以外の場所で開催するのです。住民が集まりやすい場所で開催することで、これまで議会に関心がなかった住民、傍聴を経験したことがない住民にも、議論の過程を理解する機会が開かれます。

議会改革度調査結果では、「街中など、議事堂以外でも議会（委員会など）を開催している」と回答した議会は1％でした（2017年度時点）。例として、東京都墨田区議会の議会改革特別委員会は、傍聴機会の拡充を図るため、「出張委員会」を夜間に開催しています。公共施設の地域プラザで開催することで、普段は議会に足を運びにくい層の住民が傍聴でき、議会活動を知るきっかけとなっています。

議場を「みんなの場」に

議会は誰のものでしょうか。かつて、議場は「神聖な場」ともいわれ、一般住民が踏み込みにくい遠い存在でした。しかし、住民とともに地域づくりを行ううえで、議会は議員や執行部だけのものではなく「地域みんなのもの」であることを強く意識しなくてはなりません。

そこで、「開かれた議会」を目指す議会のなかから、一般住民に議場を開放する取り組みが少しずつ出てきました。議会改革度調査結果では、「本会議場や委員会室等を一般の人が利用できる（議会が主催ではない住民の会議など）」と回答した議会は4％ありました（2017年度時点）。

例えば、兵庫県太子町議会では、夏休みシーズンを迎えて中高生を中心に学習機会が増えることから、閉会中の議場を自習室（スタディホール）として一般開放しました。太子町議会では、「議会のときは議場、閉会中は多目的ホー

CHAPTER 3 | 改革項目と先進事例

ル」であるとの考え方に基づき、各種イベントや講習会などを行っています。こうした取り組みを行うことで、住民によろこばれる機会が増え、議会が住民にとってより身近な存在に近づきました。

実践例とポイント

［兵庫県議会］
出張委員会と親子傍聴席

　兵庫県議会は、2017年度から、県議会の役割をひろく理解してもらう議会改革の一環として、都道府県で初めて「常任委員会の出張開催」をスタートしました。7つある常任委員会を委員会ごと2グループに分け、委員会ごとに実施している管内視察の日程と合わせて年4回、県内の各地域で開催しています。

　また、議場に防音整備やベビーベッドを完備した個室の親子傍聴席を設置し、子育て中の父親・母親でも気軽に傍聴できるスペースを用意しています。

　とかく県議会は市町村議会よりも遠い存在になりがちですが、こうした取り組みを重ねることで、住民が議会活動を身近に感じられる機会につながることが期待されます。

3 住民参加［23.バリアフリー］

23 バリアフリー

> **Key Point**
>
> どのような人にとっても開かれた利用しやすい議会であるために、議場や会議室のバリアフリー化を進めましょう。視覚や、聴覚のハンディキャップなどにも配慮した、傍聴サービスやシステムを整えることも検討しましょう。

バリアフリー化はなぜ必要？

　バリアフリーとは「身体障害者や高齢者が生活を営むうえで支障がないように商品を作ったり建物を設計すること。また、そのように作られたもの」（『広辞苑第七版』岩波書店）を意味します。

　近年、「住民に開かれた議会」を志向し、全国の議会で議会改革が進展していますが、ここでいう「住民」とは、誰のことを想定しているでしょうか。幅広い年齢層の住民やハンディキャップを持っている住民をも想定した定義になっているでしょうか。

　私たちの社会にはさまざまな人が暮らしており、議会はそのような多様性のある民意を議決に反映することが求められます。そのためにも、議会は、どのような人にとっても開かれた場所である必要があります。その最たるものが議場です。老若男女、ハンディキャップの有無に関わらず、どんな人にもアクセスのしやすい議会、議場のあり方を模索することが重要です。

バリアフリー化を進める

　議会改革度調査では、バリアフリーとして実施している内容について確認しています。結果、「本会議場をバリアフリー化している（補助がなくても車椅

91

子で議員として参加ができる）」は16％、「本会議場をバリアフリー化している（補助がなくても車椅子で傍聴ができる）」は48％、「委員会室をバリアフリー化している（補助がなくても車椅子で議員として参加ができる）」は36％、「委員会室をバリアフリー化している（補助がなくても車椅子で傍聴ができる）」は36％でした（2017年度時点）。

　バリアフリー化というと、傍聴者のための環境整備が一般的ですが、最近では、傍聴者に加えて、議員が車椅子を使用している場合も円滑に活動できる環境整備が求められています。そうした視点で、本会議場や委員会室のあり方を今一度見直してみましょう。議場の設計により実現が難しい場合もありますが、手すりやスロープの設置など、できることから対応を検討しましょう。

視覚・聴覚のハンディキャップにも配慮を

　議会改革度調査では、視覚・聴覚の補助についても確認しています。結果、「手話通訳者、補聴器、磁気ループ、集団補聴システム等の聴力補助を備えている」は39％、「点字、盲導犬（同伴の許可等）、読み聞かせ、録音テープ等の視力補助を備えている」は6％で、視覚補助の実施割合が特に低い結果となっています（2017年度時点）。

　視覚のハンディキャップと一言でくくっても、点字を認識できない方もおり、点字の資料を配付してもわからないこともあります。一方で、テキスト文書を認識して読み上げるソフトが普及しつつあり、テキストデータさえあれば、パソコンなどで自動で読み上げることも可能になっています。

　東京都北区議会では、聴覚にハンディキャップを持っている方が当選したことを機に、全国初で「IT コミュニケーションツール（音声同時翻訳ソフト、音声読上げソフト）」が導入されました。このツールには、発言を音声認識し即時にテキスト変換する機能と、パソコンに打ち込んだ文字を音声変換ソフトで読み上げて配信する機能があります。このツールの導入により、傍聴の際にも、貸出用タブレットを通じて、発言を文字で伝えることが可能になりました。

　車椅子をはじめ、さまざまなハンディキャップを持っている方であっても、

気持ちよく利用しやすい議会の場づくりを展開していくことが求められます。

実践例とポイント

［奈良県奈良市議会］
議会のバリアフリー化

　奈良市は「奈良市バリアフリー基本構想」を策定していますが、議会でもバリアフリー化を進めています。

　奈良市議会は、車椅子を使用する方が当選したことを機に、控室、議場、委員会室のバリアフリー化工事を実施しました。主な工事として、本会議場の床の段差を解消したほか、固定長机だった議員席を移動可能なキャスター付きの机に一部変更、委員会室の扉を引き戸に改良する工事を実施しました。改修にかかった費用は、およそ180万円でした。

　また本会議において、一般質問の際は自席で車椅子に座ったまま行うことが認められ、採決の際は、議会事務局職員が代わりに起立する対応を行っています。このほか、傍聴席にも車椅子専用スペースが設けられています。

　どのようなハンディキャップをお持ちの方でも議員になれる環境づくりは、幅広い層の民意を議決に反映するきっかけとなるでしょう。

CHAPTER 3 | 改革項目と先進事例

24 夜間・休日議会

Key Point

議会の開催日程や開催時間は、議会自ら定めることができます。地域の特性や住民参加のあり方を考慮して、平日の日中だけに開催するだけでなく、夜間や休日における開催も検討しましょう。

議会の平日・日中開催の見直し

平日の日中には、多くの住民が働いています。そのため、平日の日中に開催される議会の傍聴に足を運びにくいのが現状です。住民に開かれた議会づくりは、ただ単に議場が使いやすくなることだけではなく、議会の開催日程や開催時間などを住民目線で考慮し、最適なあり方を構想することが重要となります。

そもそも議会は、必ず平日の日中開催でなければいけないのでしょうか。幅広い世代に積極的に議会に関わってもらうためには、仕事帰りや休日の時間に議会の場に参加しやすくなるよう、これまでの議会運営のあり方を見直すことも大切です。

夜間・休日議会の実施状況

議会改革度調査では、夜間・休日議会の導入状況を確認しています。その結果、「夜間議会を実施している」と回答した議会は１％、「休日議会を実施している」と回答した議会は２％と、ごくわずかにとどまりました（2017年度時点）。

夜間・休日議会は、傍聴者数を増やすための試みとして一時期注目され、複数の議会で実施されました。しかし、限られた時間に合わせた会議の時間配分や議員のスケジュール調整、議案の情報共有など、詳細な事前準備が必要になることや、議会事務局の業務負担の増加、議会対応に係る職員の手当や対応を

94

検討する必要があることから、途中で断念する議会が多くありました。住民にとっても、町内会や消防団などの地域の活動との兼ね合いもあるため、夜間や休日に議会を開催しても住民が傍聴するのは現実的には厳しいのではないかといった指摘もあります。また、平日開催の場合でも、直接傍聴に訪れることが難しくてもインターネット中継を実施している議会では、それを視聴することも可能でしょう。

夜間・休日議会を開催する際のメリットとデメリットを総合的に考慮し、自身の地域にあった開催方法を検討することが望ましいといえます。

議員のなり手不足の解消へ

ところで、現在、議員の高齢化やなり手不足が全国的な問題となっており、平日の日中に仕事を持つ世代が仕事を続けながら議員活動ができるようにという観点から、夜間・休日議会を活用する取り組みが出てきています。

議員のなり手不足を克服するための課題として、議員報酬の見直しと合わせて、職業との両立も問われています。昨今、副業や働き方改革が進展するなか、議会も同様に議員のあり方を見直す必要があります。もちろん、法律において公務員の兼職が禁止されているほか、地方自治体からの請負を主な業務とする企業の取締役やそれに準ずる者になることも禁止しているため、制限付きの兼職となります。また現状、兼職議員の課題として、会社の雇用主の理解や条件整備を考慮する必要もあるでしょう。

兼職議員の確立は慎重な議論が必要ですが、なり手不足解消に向けた解決策の1つとして、夜間・休日議会を検討することも選択肢の1つといえます。

実践例とポイント

［長野県喬木村議会］
なり手不足解消へ

　喬木村議会は、夜間・休日議会の試みを試験的に取り入れています。「無投票当選」への危機感や、議員改選で年齢・職業構成が変わったことが契機となり、兼業議員でも議員活動できる条件整備と試験導入といったトライアンドエラーを繰り返し、現在の運用に至りました。ポイントは、議会会議日程の一部ではなく、主要日程を夜間・休日に移したことです。そして委員会を夜間に開催し、定例会の一般質問を休日に開催することを決めたこと、また、全議員に配布しているタブレットとPCメールを活用して早期の情報共有を図るなど議会運営の効率化に活かしたことです。

　まず議会が取りかかった条件整備としては、土日・昼夜関係なく意見交換を実施し、情報の収集や学習できる場所を開設したほか、議案審議の過程の可視化を図るために傍聴者にわかりやすい資料を作成して配布するなどを段階的に実施してきました。また、議会対応する職員に対しては、出席要請を絞ったうえで超過勤務手当の支給や代替休暇の実施といった対応を行っています。課題としては、夜間の会議は短時間開催にならざるを得ないことから来る議員の議論のスキル向上、議案を受理してから調査研究する時間を確保すること、夜間休日議会の仕組みだけでは、議員のなり手不足解消につながらないことなどがあげられます。通年議会を検討し、議会活動を平準化して議員負担を軽減したり、住民と議会の距離を縮め、共同して政策提言できるサイクルを確立するなど試行錯誤を繰り返し、喬木村の実情にあった議会のあり方を模索しています。住民から必要とされる議員と認められれば、なり手不足解消につながるものと考えて取り組んでいます。

3 住民参加［25.住民の発言機会］

---

25 **住民の発言機会**

Key Point

「議会報告会」を中心に、議会外で住民参加を進める議会は増えていますが、議会内における住民参加の制度も重要です。直接住民の意見を聴く場として、請願・陳情者などの発言機会をつくり、会議録で公開しましょう。

住民の意見を直接聞く場は、なぜ必要？

　議会が議決を行うための基礎として、さまざまな情報をもとに審査・調査を行うことが大切です。住民から選挙で選ばれた議員が話し合って決めるというのが原則ではありますが、場合に応じて当事者である住民から直接意見を聴く場を設けることも必要でしょう。

　こうした住民の発言の場をつくることで、住民にとって議会が身近な存在になるという副次的効果も期待できます。まずは請願・陳情者の発言機会をつくることなどから検討してみましょう。

請願・陳情者の発言機会をつくることから始めよう

　議会改革度調査では、本会議や委員会で、住民（請願・陳情）が希望した際に直接発言する機会を設けているかについて確認しています。結果、32％が「設けている」と回答し、そのうち71％が「会議録に発言を残している」と回答しました（2017年度時点）。

　住民が発言する際のルールは、議会によってさまざまです。ルールを定めるにあたっては、まずは議会内でどのような住民参加の場が望まれるかを議論し、それぞれの議会にあったルールを作成・運用することが重要です。加えて、住

民の発言や質疑応答の内容は、公式記録として会議録で公開するようにしましょう。以下、請願・陳情者の発言に係るルールを2つ紹介します。

（表）請願・陳情者の発言ルール例

神奈川県横須賀市議会	大阪府和泉市議会
・対象は、請願者と陳情者 ・1名が発言可能 ・資料を事前配布できる ・発言の制限時間は15分以内 ・発言を会議録に残している	・対象は、請願者のみ ・2名が発言可能 ・質疑ができる ・資料の配布は原則として認めていないが、パネル等を利用して意見陳述をすることができる ・発言の制限時間は5分以内 ・発言を会議録に残している

傍聴者や一般住民の発言機会

　住民参加の1つとして、傍聴者や一般住民の発言機会を設けている議会もあります。

　例えば茨城県取手市議会は、議会基本条例のなかで市民参加の一環として、委員会の会議中に必要に応じて傍聴者の発言を認めることとしています。傍聴者は、あらかじめ議会事務局職員又は委員会の委員長に申し出を行ったうえで、会議中に発言をすることができます。また、愛知県犬山市議会では、市民の議会への関心を高め、市民にとってより身近で開かれた議会の実現に努めることを目的として「市民フリースピーチ制度」を実施しています。会期内に1回ずつ議場で行っており、市民は犬山市政に関することを1人5分以内で自由に発言することができます。発言後も、その場で終わりとせず議会での対応を定める仕組みを整えています。

　このように、住民の参加意識を高めるためにも議会内での発言機会の場を工夫してつくることが必要でしょう。

3　住民参加［25. 住民の発言機会］

> 実践例とポイント

［長野県松本市議会］
高校生による請願の陳述

　松本市議会が行っている「高校生との交流事業」のなかで、高校生や高齢者ら交通弱者に配慮した公共交通の充実と、自転車利用者にやさしいまちづくりについて、2つの請願書がまとめられました。

　請願は、交流事業のなかで講師をつとめた議員らが紹介議員となり、建設環境委員会において代表生徒5人が出席し、趣旨説明をその場で行いました。高校生は委員からの質疑にも対応し、2件とも全会一致で採択となりました。

　この取り組みのポイントは、「本物」の請願と意見陳述を実施している点です。18歳選挙権が実現したことでシティズンシップ教育を行う議会が増えていますが、そのほとんどは、「模擬」選挙や「模擬」請願にとどまっています。本物の請願を高校生が自ら考え、本物の議会で直接意見を述べることは、未来の地域の担い手づくりにもつながっていくでしょう。

（出典）松本市議会、有賀久雄（長野県松本工業高等学校社会科教員）（第12回マニフェスト大賞（2017年）応募資料）

99

CHAPTER 3 | 改革項目と先進事例

26 参考人招致

> **Key Point**
>
> 議会は調査や審査のために、本会議や委員会で参考人招致を行うこと
> ができます。重要な案件については、積極的にこの制度を活用し、当
> 事者や専門家から直接話を聴く場を設けましょう。

参考人招致はなぜ必要？

　地方自治法は、「普通地方公共団体の議会は、会議において、当該普通地方
公共団体の事務に関する調査又は審査のため必要があると認めるときは、参考
人の出頭を求め、その意見を聴くことができる」と定めています（115条の2
第2項）。2012年の同法改正により、委員会だけでなく本会議でも参考人招致
ができるようになりました。しかし、現在この制度を活用している議会はどの
くらいあるのでしょうか。

　議会改革度調査では、参考人招致の実施状況について確認しています。結果、
本会議で「実施した」議会は1%、委員会で「実施した」議会は20%にとどま
りました（2017年度時点）。回数の内訳は、本会議は「1回」が0.8%、「2回」
が0.1%、「3回」が0.1%でした。委員会は「1回」が10%、「2回」が3%、
「3回」が2%、「4回以上」が5%でした。

　議会が議決を行う際には、議会としてさまざまな情報をもとに調査や審査を
行い、議論を経るのが望ましいといえます。議会と執行部だけで議論するので
はなく、必要に応じて積極的に参考人招致の制度を活用し、当事者や専門家か
ら直接話を聴く場を設けましょう。

100

参考人招致の流れ

　ここで、基本的な参考人招致の流れを見てみましょう。多くの議会は、委員会条例や会議規則で定めています。

　　①参考人の出席について議長に承認を得る
　　②議長は参考人へ日時・場所・聞きたい内容などを通知する
　　③参考人は議長（委員会の場合は委員長）の許可を得て発言する
　　④議員は参考人に質疑することができる

　このように、参考人招致の制度はそんなに複雑ではありません。次の項で取り上げる、公聴会の制度と比較しても、賛成・反対の意見に限定せずに参考人が意見を述べることができることから、議会としても招致しやすく、制度を活用する議会は公聴会より比較的多くあります。

　地域の将来を左右するような重要議案や、執行部と議会、そして議会内でも意見の分かれる議案の審査については、参考人から公式な場で意見を聞く場を設け、そのうえで議決することで、将来にわたって住民にとってより納得のいく結果を得ることができるでしょう。

実践例とポイント

［長崎県長崎市議会］
多角的な参考人招致

　長崎市は、長崎駅西側の交流拠点施設用地に国内外から多くの来訪者を呼び込むとともに市民交流を促進するため、MICE 施設を中核とした（仮称）長崎市交流拠点施設の整備を進めています。MICE とは、企業等の会議や研修旅行、国際会議・展示会など多くの集客交流が見込まれるビジネスイベントのことをいい、昨今国内外で激しい誘致競

争があります。こうした大規模施設の整備には多額の予算を伴うことから、住民に理解してもらうためにも、議会の審査では丁寧な議論が必要です。

　長崎市議会では、当該事業に係る委員会審査を慎重に行うため、参考人招致を実施しました。この取り組みのポイントは、参考人招致を複数回にわたり実施した点にあります。事業の優先交渉権者やMICEの専門家、経済団体など関係者を参考人招致し、事業の課題や可能性などについてそれぞれ話を聞きました。参考人の意見陳述の際には、意見概要をわかりやすく知るため、パワーポイント資料で説明を受けることもありました。

　さらに2018年6月には（仮称）長崎市交流拠点施設整備の関連費用71億円を含む一般会計補正予算を審査するなかで、民間事業者が「サッカースタジアム」等の建設計画を発表したことから、（仮称）長崎市交流拠点施設とのすみ分けや相乗効果についての意見を聞くため当該民間事業者を参考人招致しました。そうして、関係者に直接話を聞いたうえで採決に至ったのです（結果は委員会・本会議ともに可決）。

　このように、原案賛成・反対の結論だけではなく、議会・執行部以外の関係者にも話を聞いたうえで議論・決定し、議会としての意思を表明することは重要な取り組みだといえます。

27　公聴会

> **Key Point**
>
> 議会は調査や審査のために、本会議や委員会で公聴会を開催すること
> が可能です。重要な案件については、積極的に制度を活用し、公開の
> 場で賛成・反対の意見を含め当事者や専門家から話を聴く場を設けま
> しょう。

公聴会とは

　地方自治法は「普通地方公共団体の議会は、会議において、予算その他重要
な議案、請願等について公聴会を開き、真に利害関係を有する者又は学識経験
を有する者等から意見を聴くことができる」と定めています（115条の2第1
項）。2012年の同法改正により、委員会だけでなく本会議でも公聴会が開催で
きるようになりました。しかし、日本でこの制度を活用している議会はほとん
どありません。制度の詳細は異なりますが、大統領制を採用しているアメリカ
では、公聴会は議会が政府や関係者の話を聞く重要な場となっています。公開
の場でひろく意見を聞いたうえで、議会が判断を行い、民意を反映しているの
です。

　議会改革度調査では、公聴会の開催状況について確認しています。結果、本
会議で「実施した」議会は0％、委員会で「実施した」議会は0.2％（いずれ
も1回のみ開催）でした（2017年度時点）。せっかくの制度があるにも関わら
ず、わずか数議会しか活用していないのは残念なことです。

　議会が議決を行う際には、さまざまな情報をもとに調査や審査を行い、議論
を経るのが望ましいといえます。議会と執行部だけで議論するのではなく、必
要に応じて公聴会制度を活用し、賛成・反対の意見を含めて、ひろく意見を聴

く場を設けましょう。

公聴会開催の流れ

それでは、基本的な公聴会開催の流れを見てみましょう。なお、公聴会は公開の場で行われることが求められます。公示の際は、議会ウェブサイトのほか、議会だよりや行政の発行物・掲示板などでひろく告知する必要があります。

　　①公聴会の開催について議長に承認を得る
　　②議長は日時・場所・聞きたい内容などを公示する
　　③公聴会に出席して意見を述べようとする者は、文書で理由・賛否を提出する
　　④公述人を決定し、本人に通知する（賛成者及び反対者があるときは、一方に偏らないように公述人を選ぶ）
　　⑤公述人は議長（委員会の場合は委員長）の許可を得て発言する
　　⑥議員は公述人に質疑することができる

以上のように、参考人招致と比較すると、開催の手続きに手間がかかり、賛成・反対の立場に偏らないよう配慮することも必要です。議会日程が限られるなかで準備に時間がかかるため、制度を活用する議会は参考人招致より圧倒的に少ない状況にあります。しかし、自治体の将来にわたって重要となる案件の議論については、ひろく公開された場で意見を聴く公聴会こそ必要ではないでしょうか。

「模擬」公聴会を開催する議会も

地方自治法上の公聴会ではなく、その議会独自の公聴会を開催している議会があります。長崎県小値賀町議会では、住民の議会参加を促すために、議員の一般質問に対して希望者が意見を述べることができる「模擬」公聴会制度を試行的に実施しました。「模擬」ではありますが、発言者は3分間で一般質問に関することであれば自由に発言することができます。難しい内容でなくとも

3　住民参加［27.公聴会］

「ここがわからなかった」「私はこう思った」など感想や意見を求めることで、地域づくりへの関心が高まり、ひいては住民自治の充実につながっていくことが期待されます。

実践例とポイント

［京都府木津川市議会］
ごみ有料袋制について公聴会を開催

　木津川市議会は、2017年11月に「家庭系可燃ごみ有料指定袋制の導入」に関する公聴会を開催しました。開催までの経過としては、2018年10月から家庭系可燃ごみ有料指定袋制を導入する議案が、同年9月定例会で提出、関連する請願も2件提出されました。厚生常任委員会で審査を行うも継続審査となり、市民生活に密着した案件であり、よりひろく市民の意見を伺うために公聴会を開催することとなりました。

　また、毎年、同時期（11月）に開催していた議会報告会においても、テーマとして取り上げ、3会場で開催しましたが、いずれも市民から活発な意見が多く出て、関心の高さを知ることとなりました。

　公聴会における公述人は、くじにより賛成3人（申し出は3人）、反対3人（申し出は9人）を決定しました。そして、開催当日、公述人が意見を述べ、委員が公述人に対して質疑を行いました。賛成公述人からは、「資源には限りがあり、受益者負担は必要」、反対公述人からは、「住民置き去りの不十分な制度設計だ」などの意見が述べられました。

　その後、公聴会や議会報告会などの意見を踏まえ、12月定例会の会期中の委員会で賛成多数となり、本会議の審議において、「市民理解の促進」「収益や使途の公表」などを盛り込んだ内容を附帯決議としたうえで、賛成多数で可決しました。

CHAPTER 3 | 改革項目と先進事例

28 住民意見の反映

Key Point

議会は、多様な民意を行政に反映させるための機関です。住民から意見をひろく募り、それらを議決や政策につなげる仕組みをつくりましょう。アンケートなどのほか、住民が具体的に意見や提言を述べることができる「議会モニター制度」の活用も効果的です。

住民意見の反映の仕組みはなぜ必要？

議会は、住民の代表機関であり、より多様な民意を政策決定等に反映させることが求められています。そのためにも、幅広く住民から意見を聞き、それらを議決や政策につなげていくための仕組みづくりが必要です。

ところで、なぜ、住民意見を反映することが必要なのでしょうか。例をあげて考えてみましょう。例えば議会運営のあり方を見直したいと考えた場合、議会関係者だけの議論では、どうしても内輪の論理で話を進めてしまいがちです。住民の意見を取り入れることで視野をひろげる効果があります。また、地域の将来にとって重要な議案を定める場合には、住民から意見を聞いたうえで議論を行い、議決することによって、結果として議会にとっても住民にとっても将来にわたり納得のいくものとなるでしょう。

議会改革度調査では、住民意見を集め反映するための仕組みについて確認しています。その結果、「住民アンケート」は7％、「モニター制度（地域の意見・提案を随時報告してもらう等）」は1％、「モニター制度（議会出席・傍聴、議員との検討会出席等）」は3％、「パブリックコメント（特定議題に対する意見募集等）」は9％、「ご意見箱の設置」は15％でした（2017年度時点）。

106

3　住民参加［28.住民意見の反映］

住民アンケートを実施しよう

　住民の意見を把握するにあたって、アンケートは有効な手段の1つです。例えば、議会の活動が住民にどれくらい認知されているのか現状を確認したい場合に、まずアンケートを実施することをお勧めします。そうすることで「客観的なデータ」をもとに議会改革の議論を進めることができるでしょう。

　アンケートの実施方法としては、執行部がアンケート実施する際に議会のアンケートも一緒に住民に郵送する、傍聴者や議会報告会の参加者に対して実施する、関係団体に協力してもらい実施する、無作為抽出で郵送して実施するなど、さまざまな方法があります。最近では、インターネットが普及していることから、インターネット調査も主流になりつつあります。毎年アンケートを実施するのは大変ですが、少なくとも議員の任期と同じ4年ごとに実施するなど、経年変化を把握することは重要なことです。

議会モニター制度を活用しよう

　議会モニター制度とは、議会活動についてひろく住民からの意見を求める仕組みの1つです。「開かれた議会」を目指す議会が増えるにつれ、議会モニター制度を導入する議会も増えています。

　手続きの主流としては、住民から公募又は議会の推薦でモニターを選び、1～2年程度の期間で委嘱します。議会モニターとなった住民は、議会が定める方法で議会活動に参加し、意見や提案を出します。そして議会はその内容を議会運営などに反映するのです。

　議会モニターとして、「議会だより」専門のモニターを委託している議会もあります。これは、議会だよりの掲載内容について住民から意見をもらうものです。議会運営全般よりもテーマが限定されていることもあり、住民が意見するにあたってハードルが低く、意見しやすい特徴があります。

実践例とポイント

[宮崎県川南町議会]
意見箱から政策が誕生

　川南町議会では、町内10か所に議会独自の意見箱を設置しています。昨今では議会ウェブサイト経由で住民からの意見受付を行う議会が多くを占めるなか、意見箱を実際に設置するのは貴重な取り組みといえます。

（図）議会独自の意見箱を設置している

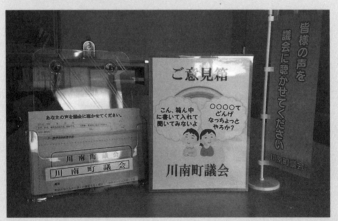

（出典）川南町議会

　あるとき、意見箱に「議員はこの４年間真剣に頑張ってほしい。それには心身が健康でなければならない。ぜひ、当選した全議員には健康診断を受けてもらい、それを公表し町民を安心させてほしい」という住民の意見が届きました。そこで議会は「議員だけの健康にとどまらず、町全体の大きな課題である健康診断の受診率の低さ（2014年度実績で、全国平均を下回る29％以下の低い受診率）への対策にもつな

がるような条例を打ち出してはどうか」と考えました。そして、独自調査や町議会初となるパブリックコメントを経て「川南町地域全体でとりくむ生き活き健康づくり条例」を議員提案条例として制定したのです。

　この取り組みのポイントは、住民の意見を「聞きっぱなし」にせず、議会として真摯に受け止め、政策につなげた点です。住民からの意見に何かヒントがあるはずだと考え、検討した結果、条例制定につながったことは大きな成果といえるでしょう。

CHAPTER 3 ｜ 改革項目と先進事例

29　シティズンシップ

> **Key Point**
>
> 18歳選挙権が実現したことで、シティズンシップのあり方が改めて問われています。住民自治の根幹である議会として取り組み、地域とともにシティズンシップを育みましょう。

議会は民主主義の学校

　2015年の公職選挙法改正により、選挙権年齢が20歳から18歳に引き下げられ、学校教育を中心にシティズンシップ（主権者）教育のあり方が重視されています。そのなかで、住民自治の根幹である議会としても、シティズンシップ（＝「市民力」）を育むことにいかに貢献できるかが改めて問われるようになりました。

　イギリスの法律学者であるジェームズ・ブライスは「地方自治は民主主義の学校」という名言を残していますが、多様な意見を踏まえたうえで地域の身近な問題を議論し決定する議会は、まさに「民主主義の学校」として大きな役割を担っています。

　議会改革度調査では、18歳選挙権が実現したことを機に、未成年を対象としたシティズンシップ推進の取り組みを調査しています。結果、約4割の議会が何らかの取り組みを行っていることがわかりました（2017年度時点）。その内訳は「学校への出張・出前授業」が5％、「インターンシップ受け入れ」が6％、「模擬議会」が19％、「模擬投票（選挙）」が1％、「模擬請願」が0.1％、「議員との意見交換会・ワークショップ」が12％でした。

　シティズンシップ教育は、政治的な要素も含まれることから、学校現場で扱いにくいとして敬遠されがちな傾向もあります。しかし、若い年代のうちから、

110

自らの意思を通じてまちのことを決定し、自らも地域づくりに主体的に参加する動機づけを得ることは、これからの時代では必要不可欠です。地域の担い手づくりとしても、シティズンシップの視点は欠かせません。政党に偏りなく関わることのできる「議会」が、総体として主体的に取り組むことが必要とされています。

シティズンシップ教育の取り組み

　議会におけるシティズンシップ教育の取り組みとしては、さまざまな活動が展開されています。例えば「出張・出前授業」では、議会自ら学校へ出向き、議会の役割や活動をわかりやすく伝えることや、一定のテーマに関する説明や質疑応答などを行います（大阪府議会）。また、体験型ワークショップとして架空政党や候補者を出して投票を実践する「模擬投票・選挙」（岐阜県可児市議会）、地域課題についてアイデアや解決策を考えて議員に提案する「模擬請願」（愛媛県西条市議会）、議会と同じ形式・進行で合議制のあり方を学ぶ「模擬議会」（群馬県桐生市議会）といった取り組みもあります。最近では、高校生が模擬ではなく本物の請願を提出し、議決に反映されたケースも出始めてきました。ほかにも、議員とともに「意見交換・ワークショップ」を行い、地域の課題を抽出し政策に反映させる試みなどがあります（宮城県柴田町議会）。

　重要なことは、生徒や学生も「住民の１人」であることを念頭に置き、若者の視点で考える地域課題やそれらの解決策を聞き出しながら実施することです。上から目線で何かを教えるということではなく、若者そして地域とともに議会が学び合うことが、未来の住民自治につながるのです。

　また、本来、シティズンシップ教育は学生だけに提供される特有のものではありません。シティズンシップ＝「市民力」とあるように、年齢を問わず「市民（住民）」誰もがその対象となることを覚えておきましょう。

実践例とポイント

［東京都品川区議会］
身近な課題をテーマに学び合う

　品川区議会は、2016年に区内の私立中高一貫校において、生徒と議員の意見交換会を開催しました。この取り組みは、同校が事前に「地域を知る」というテーマで、生徒自らが調べた地域社会の問題について文化祭で発表した総合学習の内容を活用したもので、希望者に向けて放課後に開催する「特別講座」の時間を利用して開催されました。

　当日は、クラス代表が「公園の安全性」や「飼えなくなったペットをどうするか」など、身近なテーマごとにグループワークを行い発表したうえで、議員との意見交換を実施しました。

　ポイントは、政治的中立性です。いずれかの会派や議員だけでなく、「議会」として参加することで政治的中立性が担保され、学校現場が安心して受け入れることができます。また、議会側は普段接することの少ない生徒の新しい視点を得ることができ、生徒側は議会の役割について理解する、貴重な学び合いの場となりました。

　事後のアンケート結果では「意見交換を通じて新たな視点やひろい視野を持つことができた」「議員の活動によって、区民の意見が実際に区政に反映されていることがわかった」「議員は堅いイメージだったのが、優しいイメージに変わった」などの感想が得られました。

大阪府議会出前授業の取り組み

大阪府議会事務局　総務課

　平成27年6月の公職選挙法の改正により選挙権年齢が18歳以上に引き下げられたことを受け、「未来の大阪を担う若者にいかに政治への関心や参加意識を持ってもらうか」「そのために大阪府議会（以下、「府議会」という）として何ができるか」が議論され、実施されることとなったのが、「大阪府議会出前授業（以下、「出前授業」という）」であります。

　出前授業は、府議会会議規則に基づき設置されている広報委員会が中心となって、授業内容等について企画し、各会派より推薦された議員が講師として直接学校に出向き、授業を行います。講師として、議長、副議長が出席することもあります。

　出前授業は、府立高等学校のほか、支援学校や定時制の課程、私立高等学校、専門学校等、各学校の特性に合わせて、内容をアレンジする「セミオーダー方式」です。生徒の参加を促し、授業効果を高めるため、映像やパワーポイント、「○×プレート」を使用しクイズを多用するなど、工夫を凝らした「参加型授業」としています。

　授業は、生活と政治のつながりや議会の役割等を講義した後、議員が直接生徒の質問に答える意見交換の授業でクライマックスを迎えます。

　生徒の皆さんから「大阪府の一番の問題は何ですか」「議員は毎日何をしているのか」「なぜ、大阪府議会議員を目指そうと思ったのか」などの質問が寄せられ、各議員が1つ1つ真摯に答えます。質問が進むごとに白熱した授業となり、時間いっぱいまで熱い質問熱い答えが続きます。

授業を受けた生徒の皆さんからは「政治に興味を持った」「議員といえば堅苦しいイメージだったが身近に感じられた」「18歳になったら選挙に行きたい」などの感想が多く寄せられており、若い方々に地方議会について知ってもらい、政治への関心や参加意識の高揚につながる機会となっていると感じています。
　（実績：平成28年度〜　実施校数11校、参加生徒総数2,035名　平成30年10月現在）

（図）大阪府議会出前授業の様子

（出典）大阪府議会

3　住民参加［30.選挙公報］

30　選挙公報

> **Key Point**
>
> 地方議会議員選挙の選挙公報は、条例で定めることにより発行することができます。議会議員選挙の際に、候補者が掲げた理念や政策を見て有権者が投票し、さらに次の選挙の際に4年間の議会活動の実績と照らし合わせて検証できるよう、選挙公報を発行することが必要です。

選挙公報の発行の有無は議会の責任

　選挙で候補者の人柄や政策を知るための手段はさまざまありますが、基本的なインフラとしての選挙公報の発行が必要です。

　公職選挙法では、「都道府県の議会の議員、市町村の議会の議員又は市町村長の選挙（選挙の一部無効による再選挙を除く。）においては、当該選挙に関する事務を管理する選挙管理委員会は、第百六十七条から第百七十一条までの規定に準じて、条例で定めるところにより、選挙公報を発行することができる」（172条の2）と定めています。

　国政選挙と都道府県知事選挙においては選挙公報の発行が義務付けられていますが、地方議会議員選挙での発行は、地方自治体ごとに条例の制定が必要なのです。「なぜ、自分のまちでは選挙公報がないのか？」それは、条例制定をしていない議会の責任だともいえます。

有権者は投票先を選べず困っている

　議会改革度調査では、選挙公報の発行状況を確認しています。結果、「議会議員選挙の選挙公報を発行することを条例で定めている」と回答した議会は66％にとどまりました（2017年度時点）。つまり、3割以上の自治体で選挙公

115

報を発行していないのです。

　「地方選挙で『候補者の人物や政見がわからず誰に投票したらいいか困る』64.6％」。この数字は、2015年の第18回統一地方選挙の後に総務省と明るい選挙推進協会が全国で実施した調査結果によるものです。どの選挙でそのように感じているかの内訳は、各種首長選挙は約３割程度でしたが、道府県議議会議員選挙では64.6％、市区町村議会議員選挙でも59.6％と多数を占める結果となりました。

　上記調査の報告書では、候補者情報の不足について、「認識している有権者の数は、年々増加傾向にある」「大きな問題として定着しつつある」と指摘しています。この結果に鑑みても、議会議員選挙で積極的に情報を発信する必要性があるといえるでしょう。

2019年統一地方選挙からビラ解禁へ

　2017年に公職選挙法が一部改正され、2019年の統一地方選挙からはいわゆる地方議会議員選挙での選挙ビラの解禁が決まりました。

　参議院の政治倫理の確立及び選挙制度に関する特別委員会では、その意義について、「有権者が候補者の政策等をより知る機会があることは、選挙において有権者が適正な判断を行い、投票行動に生かすことができるなど、参政権の行使にとって重要」と説明しています（第193回国会（平成29年６月９日会議録））。

　ただ、町村議会については、今回は解禁の対象となっていません。町村議会議員選挙における選挙公報の発行は、今後の課題となっています。

実践例とポイント

［東京都小金井市議会］
選挙公報を大きく

　選挙公報は、条例によって発行することができます。小金井市議会

では、議会に対して市民から「選挙公報を見やすくしてほしい」という陳情があり、議会での議論の結果、候補者1人当たりの掲載面積の拡大を決定することになりました。

　この取り組みのポイントは、選挙公報を漫然と発行するということでなく、有権者目線でわかりやすいかどうかにこだわって改善をした点です。上記の陳情をきっかけとして、2013年選挙から従来1面に6名の掲載だった選挙公報を1面に4名の掲載へと変更しました。これにより、候補者1人当たりの掲載面積が大きくなり、より見やすくわかりやすい情報提供が可能となりました。また、過去の選挙公報は、選挙管理委員会のホームページから見ることができます。議会の対応次第で、有権者の投票行動をよりよくする創意工夫ができるのです。

CHAPTER 3 ｜ 改革項目と先進事例

31 住民との対話の場の開催

> **Key Point**
>
> 住民との対話の場は、議会基本条例の制定とともに全国にひろがりを
> 見せています。議会の説明責任を果たす場や住民意見を政策につなげ
> る場として開催し、継続して実施できるよう議会基本条例などに明記
> しましょう。

住民との対話の場のひろがり

　住民との対話の場は、議会基本条例の制定とともに全国にひろがりました。
2005年に北海道栗山町議会が宮城県本吉町議会（現在は気仙沼市と合併）を参
考に議会報告会を開催し、翌2006年に議会報告会の開催を含めた議会のあり方
を体系立てて定めた議会基本条例を日本で初めて制定しました。栗山町議会は、
隣の夕張市が2007年に財政破綻し、議会も責任を問われたことや、平成の大合
併で合併推進派と慎重派が町内で分かれ議論していたことから、緊張感を持っ
て住民との対話を重ねてきました。その姿勢が全国から注目を集め、後に栗山
町議会をモデルにして議会基本条例を制定する議会が増え、同時に住民と議会
の対話の場が全国で展開されるようになりました。

　それまで報告会というと、議会総体ではなく議員個人や会派によるものが一
般的でした。しかし、地方分権が進み、二元代表制の一翼である議会のあり方
が問われるようになり、また人口減少・高齢化する社会のなかで財政状況も厳
しく「あれもこれも」予算をつけることが厳しくなったことから、議会総体と
しての説明責任が問われるようになりました。どのような議論を経て議決に
至ったのか、また議案の争点は何なのか、議会が議場を飛び出して住民に開か
れた形で説明し意見交換する場が求められるようになったのです。

3 住民参加［31.住民との対話の場の開催］

住民との対話の場を開催する

　議会内で活動しているのだから、議場からわざわざ出て住民と対話する場を設ける必要はないと考える議会もあるかもしれません。しかし、その議会活動は果たして住民に認知・信頼されているのでしょうか。

　2018年7月にマニフェスト研究所（「ローカル・マニフェスト推進連盟」協力）が実施した、「議会イメージ・政策型選挙調査」（調査方法：インターネットリサーチ、調査対象：全国の18歳以上の男女有権者、有効回答数：1,173人）では、「地方議会（組織）は何をしているかわからない」について「そう思う」と回答した割合は49％ありました。さらに、議会の信頼度について、「たいへん信頼できる」「ある程度信頼できる」と回答した割合は、都道府県議会は15％、市町村議会は17％にとどまりました。つまり、住民の約半数が議会活動についてよくわからないと感じており、信頼していると感じているのはわずか15％程度だということです。だからこそ、住民と直接対話する場を設ける必要があるのだといえます。

　議会改革度調査では、住民との対話の場の開催状況について聞いています。その結果、「すでに開催している」は53％、「今後の開催が決定している」は2％で、議会基本条例の制定状況と同じく半数以上が開催している現状にありました（2017年度時点）。また、継続的な仕組みづくりとして「議会基本条例で規定している」と回答した議会は48％、「規則等で規定している」は19％ありました。

　まずは、住民との対話の場を開催し、議員が改選し体制が変わっても継続的に開催できるよう、議会基本条例などで定めることが必要です。

住民との対話の場のステップ

　住民との対話の場は、ただ単に「開催すればいい」というわけではありません。そもそも議会が何をしているかもわからない住民もいれば、積極的に政策に関わりたいと思っている住民もいるでしょう。住民との対話の場のあり方は、

その開催目的や住民主体度の段階によって異なるため、目的と手段のバランスが大切になります。そのステップは、主に4つの段階に分けることができます（図参照）。

（図）住民との対話の場の4つのステップ

〈議会と住民の関係に応じた目標設計のイメージ〉

住民主体度				
	無関心	参加（消極的）	参加（積極的）	住民主体
	議会が主導 ←		議会と住民の関係	→ 住民が主体
住民の状態	議会に関心がない知らない	報告を聞くだけ請願や陳情のみ	地域課題を自分ごととして認識	住民自身が地域の課題解決に取り組む（困難な際に議会へ）
目的	参加してもらい知ってもらうこと	住民の意見を引き出すこと	意見交換を通じ課題解決へ	住民自治の成熟

　第1に、無関心層に対する「啓発」の場です。普段知ることがない二元代表制や議会の役割、主な議会活動を知ってもらうことから始めます。

　第2に、住民意見の「聴取」の場です。議会での争点や地域課題を情報公開したうえで、行政や議会への不満やお願いだけではなく、建設的な意見を引き出すことを念頭に開催します。

　第3に、「地域課題の解決」の場です。一定の政策などについて、住民側から意見を闊達に出してもらい、実際に政策に反映していく場とします。

　第4に、「住民自治の成熟」の場です。地域課題の解決に向けて、住民が主体となって活動できるよう進めていく場とします。

　このように、段階に応じて開催のあり方を検討してみましょう。

3 住民参加 [31. 住民との対話の場の開催]

実践例とポイント

[三重県鳥羽市議会]
進化する対話の場

　鳥羽市議会は、2001年から市民の声を幅広く聴くため、町内会・自治会や各種の市内団体を対象として、議会報告会と意見交換会を開催してきました。市内37か所など、多くの地域で開催する意欲的な取り組みが注目を集め、全国から議会の視察も急増しました。しかし一方で、参加者の固定化や女性や若年層の参加が少ないなどの課題を抱えていました。

　そこで、2016年に広報広聴委員会で協議し、新たに「TOBAミライトーク」として再始動することになりました（図）。

（図）できるだけカジュアルに参加してもらうことを目的として、身近で楽しい雰囲気づくりも意識している

（出典）鳥羽市議会ウェブサイト（http://www.city.toba.mie.jp/gikai-shomu/tobamiraitalk.html）

この取り組みのポイントは、地域のなかへ議員が飛び込んでいき、未来の課題について住民と気軽な雰囲気で話し合うことです。希望者は、議会が示したテーマ（①移住定住、②子育て支援・教育、③産業振興・雇用、④高齢者・障がい者福祉、⑤環境・まちづくり、⑥防災、⑦その他）のなかから、話し合いたいテーマを選び、申し込みを行います。そして、これまでの「対面形式」でなく「グループディスカッション方式」にすることで、一方的な報告ではなく、住民とともに話し合いを進めることができるようになりました。さらに、議員はカジュアルな格好で参加し、参加者は乳幼児の同伴参加も可能とするなど、身近で楽しい雰囲気づくりも工夫しています。

3 住民参加［32.住民との対話の場の意見反映］

32 住民との対話の場の意見反映

Key Point

住民との対話の場を活用して、住民から意見を得る議会が増えてきました。取り組みを1歩進めて、住民意見をその場限りにせず、どのような意見が出たのか、その後の対応状況とともに公開しましょう。本会議や委員会などで報告することも重要です。

住民意見を有効に活用する

　住民との対話の場において、住民から意見を聞く時間を設ける議会が増えています。議会改革度調査では、住民との対話の場での取り組みについて確認しています。結果、「参加者が質問できる時間を設けている」は90％、「参加者や議員が意見交換する時間がある」は89％に達しました（2017年度時点）。つまり、住民との対話の場を開催している議会のほとんどは、議会からの一方的な報告や説明に終始するのではなく、住民から意見を得る時間を設けているということです。

　それでは、住民から意見を得た場合、その後の扱いはどうなっているでしょうか。議会改革度調査では、住民意見の事後の公開・報告状況についても聞いています。結果、「公開・報告していない」は9％にとどまり、多くの議会が何らかの対応を行っていることがわかりました。その内容は、「意見の内容をインターネット上で公開している」は64％、「意見の内容を紙媒体で公開している」は65％、「対応状況をインターネット上で公開している」は29％、「対応状況を紙媒体で公開している」は30％、「対応状況を次回の議会報告会等で報告している」は12％、「意見の内容を本会議で報告している」は5％、「意見の内容を所管する委員会で報告している」は24％でした。

123

CHAPTER 3 | 改革項目と先進事例

　住民からの意見は、地域課題の発掘や、議決にあたっての判断材料、議員提案条例の起点となり、執行機関との政策競争のきっかけにもなる貴重な財産です。まずは、どのような住民意見が出されたのか、議会ウェブサイトなどインターネット上でわかりやすく公開しましょう。さらに、聞きっぱなしではなく、どのような対応を行ったのか、合わせて公開することが望ましいといえます。その後の議会活動につなげるために、本会議や所管する委員会などで報告を行う場を設けることも大切です。

住民自治の展開につなげる

　過去から未来にわたって、年代を超えた多様な意見を集約し公開することは、議会活動の検証や地域課題の解決へ向けた貴重な「アーカイブ」資料となります。また、議会のなかだけで完結せず、執行機関も交えてひろく議論し、議決に反映することでよりよい住民自治が展開されることでしょう。

　住民意見の行政への反映を、住民目線で見ると、政治参加における一種の成功体験にもなりえます。自分たちが出した意見が単に紹介されるだけでなく、進展して委員会や本議会で議論されていることを知ることで、地域社会に貢献したというやりがいにもなります。住民が地域づくりに積極的に参加したいと思う契機につながるかもしれません。

実践例とポイント

[新潟県上越市議会]
意見への回答と対応方針を公開

　上越市議会では、3月定例会の終了後と9月定例会の終了後、それぞれ予算・決算に合わせて住民との対話の場を設けています（意見交換会は議会報告会と同時に開催する場合と、単独で開催する場合がある）。また若手農業者や移住サポート団体、看護大学生といったさま

124

3　住民参加［32.住民との対話の場の意見反映］

ざまな世代や団体の方々と意見交換を行い、参加者層の固定化を防ぎ、目的に合わせた意見を得る工夫を行っています。

　ポイントは、議会報告会・意見交換会で聴取した意見を、正副議長と全委員長で構成する課題調整会議で議会としての対応方針を決定し、決定後に聴取した意見と回答、方針結果を意見一覧表にまとめて議会ウェブサイトに掲載していることです。首長への申入れの書類も合わせて議会ウェブサイトに掲載しているほか、過去5年間の意見交換会の開催や意見一覧表も掲載しているため、経年比較が可能となっています。

（図）議会報告会等で聴取した住民意見を一覧化している

（出典）上越市議会ウェブサイト（http://www.city.joetsu.niigata.jp/site/gikai/gikaihoukokukai.html）

CHAPTER 3 | 改革項目と先進事例

33 | 住民との対話の場の意見政策

Key Point

住民との対話の場について、報告や意見交換だけで終わりとせず、その位置づけを見直すとともに住民の意見を政策提言につなげる仕組みをつくりましょう。これからは、住民とともに議会が地域課題を解決していく時代です。

報告や意見交換で終わらない

　住民との対話の場を開催する議会が増えていますが、その大半は、議会活動の「報告」や「意見交換」を目的とするにとどまってることが多いのではないでしょうか。しかし、これからは、住民とともに議会が地域課題を解決していく時代です。そこで、住民から出た意見を「政策提言につなげる」ことが重要になります。

　議会改革度調査では、住民との対話の場で出た住民意見について、政策提言につなげる仕組みがあるかどうかを確認しています。結果、住民と対話の場を開催している議会のうち、「政策提言につなげる仕組みがある（意見の内容を検討する会議があるなど）」と回答した議会は35％でした（2017年度時点）。つまり、多くの議会では、意見を聞いただけで完了し、議会活動において政策として反映されない状況にあります。さらに、「政策提言につなげるための進捗や結果を公開している」は９％にとどまりました。

　住民との対話の場を開催するうえで、重要な前提があります。それは、参加者の住民はお客様ではなく、議会とともに住民自治を向上させる主人公の１人だということです。その住民から出た意見は、生きた地域課題の原石ともいえます。その場限りで終わりにせず、磨き上げて政策提言につなげましょう。

126

政策提言につなげるための「位置づけ」と「仕組み」

　住民からの意見を政策提言につなげるためには、まずは、住民と対話の場の「位置づけ」が肝心です。単なる報告や意見交換の場にするのではなく、議会の「広聴機能を発揮する場」、地域の「課題を発掘する場」とするのです。

　さらに、政策提言に落とし込むまでには、さまざまな「仕組み」が鍵となります。住民からの意見を精査し、何が課題なのかを議会で議論し見極めることが不可欠です。また、課題を整理して議会と執行部のどちらが扱うべきテーマかを分類する必要があります。議会で扱うテーマの場合は、さらに政策分野ごとの分類が必要です。どの委員会や会議で扱うのか、それぞれの対応を検討しましょう。こうした取り組みを行うことで、議会や執行部だけでは気づきにくい多角的な住民の視点を政策提言に活かすことができます。

実践例とポイント

［福島県会津若松市議会］
政策形成サイクル

　住民からの意見を政策につなげる仕組みは、会津若松市議会の「政策形成サイクル」が有名です。議会改革のトップランナーとして知られる会津若松市議会では、市民との意見交換を起点として、住民から出た個別の意見を一般化のうえ統合して、具体的な政策につなげていく仕組みを確立しています。

　市民との意見交換会は、5班編成（1班につき6人の議員が担当）で市内15地域を対象に開催しています。そこで住民から出た意見はすべて、広報広聴委員会で整理して「課題発見」を行います。その後、政策課題テーマを分類し、政策討論会（全体会・分科会）でどのように解決するのか「研究・分析」を行います。

ポイントは、図で示すように分類作業を細分化するなど、体系立てていることです。こうした段階を経ることで、着実に政策に落とし込むことができます。会津若松市議会では、この政策形成サイクルを回していくことにより、給水施設未整備地区の早期解消や私道の除雪実施を含む除排雪対策など、執行部では行き届かなかった政策につなげる成果を多数出しています。

(図) 市民との意見交換会での意見、提言、要望等の分類イメージ

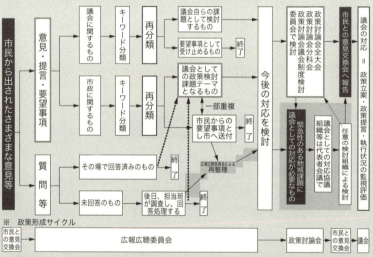

(出典) 会津若松市議会視察対応資料「議会からの政策形成～議会基本条例で実現する市民参加型政策形成サイクル～」

3 住民参加 ［34.住民との対話の場の参加増加］

34 住民との対話の場の参加増加

Key Point

住民との対話の場を設ける議会が増える一方、参加者の減少や固定化
で悩みを抱える議会は多くあります。住民が参加しやすい「日程」
「場所」で開催するほか、「目的」に合わせて「テーマ」や「対象」を
設定しましょう。

幅広い層が関われる場づくりを

「住民に開かれた議会」を目指す取り組みの一環として、住民との対話の場
を設ける議会は増え続けています。しかし一方で、参加者の減少や固定化（参
加者がいつも同じ、年配の方が多数を占める、年齢・性別などに偏りがあるな
ど）で悩みを抱える議会は多くあります。

住民の暮らしが進展し多様化する昨今、地域課題も複雑に変容しています。
議会が、常に時代の変化に追いつき、新たな視点で対応するためにも、幅広い
年齢層の住民と意見交換を定期的に重ね、ニーズを集約することが求められま
す。住民との対話の場においても、いかにして参加層を拡大し、従来埋没しが
ちであった住民の意見を掘り起こすか、幅広い層の住民が関われる場づくりの
あり方が問われています。

開催方法を工夫していますか？

住民との対話の場を開催している議会では、どのような工夫を行っているの
でしょうか。議会改革度調査では参加者をひろげるための取り組みについて確
認しています。結果、「住民が参加しやすい日時に開催している」と回答した
議会は79％、「住民が参加しやすい場所で開催している」は81％で、ともに8

129

割程度を占めました（2017年度時点）。

　翻って「住民全体に関心がありそうなテーマを設定している」と回答した議会は45％、「世代別や団体別にテーマを設定している」は16％、「これから議会で扱うテーマを設定している」は14％でした。また、「若い世代の意見を取り入れるため、若者や子育て世代に対象を絞って実施している」は８％にとどまりました。

「目的」に合わせた「テーマ」「対象」を

　対話の時間を有意義に使うためには、「目的」「テーマ」「対象」の設定が重要です。まずは、住民との対話の場を議会活動のどこに位置づけるのか、どのような課題解決につなげたいのかといった目的を設定しましょう。そして、その目的に合ったテーマを定め、一番適切と思われる対象を設定しましょう。

　例えば、テーマが子育て支援政策であれば、対象は子育て世代の父親・母親など保護者が考えられます。テーマが地元企業の振興であれば、対象は中小企業などの若手経営者がよいかもしれません。対象を特定することで、より深い視点を獲得することができ、議会活動に有効に意見を反映させる可能性もひろがります。

　また、住民にとって関心があるのは、すでに決定した過去のことよりも「未来のこと」ではないでしょうか。将来の地域づくりに向けて重要だと思われるテーマを設定し、これから地域を担う世代も参加できるよう工夫して、対話の場を設けましょう。そうした取り組みは、長期的な視点で住民自治の向上にもつながるはずです。

3　住民参加［34. 住民との対話の場の参加増加］

実践例とポイント

[岩手県久慈市議会]
かだって会議

「かだって会議」は「一緒にやろう」と「語って」の意味を持つ久慈地方の方言「かだって」からネーミングした、久慈市議会と住民の意見交換会です。特徴は、市民と議会の垣根をなくそうと、カフェのようなくつろいだ空間のなか、ワールドカフェ形式で進められることです。場所も議会ではなく、道の駅などにある集まりやすいホールで開催しています。

ポイントは、参加者のターゲッティングです。意見交換会の目的やテーマ設定によって、高校生や女性など参加者を限定して開催することもあれば、無作為抽出方式による呼びかけを実施することもあります。無作為抽出方式では、普段は参加しにくいと考えられる30代女性が参加するなど、参加者層の多様化につながりました。女性限定の会議では「女性が住みやすい街ってどんな街？」を、高校生限定の会議では「みんなで考える久慈市の20年後の未来」をテーマに開催するなど、目的とテーマ設定、手法のバランスを考えながら、幅広い層との意見交換を実現しています。

（図）くつろいだ空間で意見交換が進む

（出典）久慈市議会ウェブサイト（http://www.city.kuji.iwate.jp/gikai/gizi/kaikaku/kadattekaigi.html）

CHAPTER 3 | 改革項目と先進事例

35 住民との対話の場の充実

Key Point

住民との対話の場において、対話を充実させるために、誰もが参加し
たくなるような環境づくりが肝心です。目的に合わせて形式を工夫す
るとともに、第三者ファシリテーターやホワイトボード、模造紙の活
用などを検討しましょう。

対話を充実するための環境づくり

　住民との対話の場は、目的に応じた環境づくりと、若年層や子育て世代をは
じめ、ハンディキャップの有無に関わらず、誰もが安心して対話ができる状態
が必要です。

　これまで住民との対話の場は、「議会報告会」として、議会側と住民側が分
かれて座る「対面形式」で開催する議会が多くありました。「議会報告会」は、
議会側がすでに決定した事項を住民に対して報告する場として大きな意義があ
りますが、一方で、雰囲気が堅苦しく、住民は聞くばかりで参加しても面白く
ないという声が多くありました。そこで、最近では「形式」を変えるなどして、
より住民との対話を充実させるための工夫を行う議会が増えています。

形式や進行に工夫を

　議会改革度調査では、住民との対話の場を充実させる取り組みについて確認
しています。結果、「グループワーク形式を取り入れている」と回答した議会
は19％、「ワールドカフェ形式を取り入れている」は5％、「円卓・車座形式を
取り入れている」は19％ありました（2017年度時点）。

　「ワールドカフェ形式」とは、話し合いのテーマごとにメンバーを変えなが

ら対話を深めていく手法です。少人数で話すことで「カフェ」にいるようなリラックスした雰囲気のなかで意見交換を進められるため、地域課題などの難しいテーマを扱っても立場や属性を超えて気軽に対話をすることができます。「相手の意見を否定しない」といった場のルールが設置されているため、誰もが安心して気軽に対話できることが特徴です。

また、調査結果では、「議員がファシリテーターをつとめている」と回答した議会は45％、「第三者がファシリテーターをつとめている」は３％、「ホワイトボード等を使って議論の見える化をしている」は15％ありました。

住民との対話の場を有効に活用するためには、その進行のあり方も肝心です。意見の交通整理役としてファシリテーターは重要な役目となります。住民との合意形成や意見交換において、ときおり感情論や議会への不信感によって意見交換会が紛糾してしまうこともあります。第三者ファシリテーターを導入することで、円滑かつ有効な対話の収穫が得られることが期待されます。

そして、進行のなかで、ホワイトボードや模造紙を活用することもお勧めです。会話のメモや内容、発言者の名前を書き出すことで、争点や議論のポイントが可視化されるため、会話の空中戦や脱線を防ぐことが可能になり、議題やテーマに沿った議論が円滑に進行できるようになります。さらに付箋を使って意見を描き出し、貼ったり剥がしたりしながら意見を整理することもできます。

小さな変化が大きな効果に

住民の参加層を拡大するためには、対話の場を開く空間への工夫も大切です。小さなお子様連れでも参加が可能な配慮や、リラックスして話ができる雰囲気づくりなど、より住民目線での対応が求められます。

例えば、お子様連れでも参加しやすいよう「一時保育」や「キッズスペース」を設置する試みも増えています。さらに、細かい点では、各テーブルにお茶やお菓子を並べテーブルクロスを敷くなど、お茶会のような雰囲気を演出する議会もあります。最近では、香りのよいアロマをたいたり、ボサノバなどのBGMを流したり、クリスマスにサンタの帽子をかぶったりする議会まで登場

しました。

　幅広い年齢層、多様な立場の住民に参加してもらうためには、さまざまな工夫が必要です。少しの心遣いで、今までとは違った大きな変化や効果が得られるかもしれません。

実践例とポイント

［東京都瑞穂町議会］
第三者ファシリテーターの導入

　瑞穂町議会では、常任委員会ごとにテーマを決め「みずほまちなか会議」を開催しています。参加者と議員がグループごとに分かれ、地域の課題を模造紙や付箋でまとめて抽出するグループワーク形式を採用しています。集約した意見は、提言書としてまとめ町長へ提出します。

　ポイントは、大学研究所のスタッフがファシリテーターを担当したことです。第三者の立場で、対話しやすい雰囲気づくりと、意見の整理を行い、着実に提言につなげるサポートを行いました。

　参加者アンケートでは「意見の言いやすい形態で良かった」「グループワークで意見が聞けて良かった」「議員さんが、積極的に住民と対話しようとしていることに大きな価値がある」という声があがり、住民と議会が歩み寄る場となっていることが伺えました。

議会改革で住民の理解がこんなに変わった

岐阜県可児市議会事務局

　可児市議会における議会改革の歴史は、2003（平成15）年9月の議会活性化特別委員会設置がスタートだといわれています。当時を振り返りますと、学識経験者の専門的知見や先進事例を参考にしながらできることから1つずつ改革を進めていったと記憶しています。

　2011（平成23）年2月に実施した議会改革のためのアンケートは、「議会活動を知らない」が64%、「市民の声を反映している」が6%、そして、「議会の改革が必要」が52%という驚くべき結果を議会に突き付けました。しかし、このことがさらなる議会改革推進の原動力となり、2013（平成25）年4月の議会基本条例施行を契機にさまざまな改革を断行し、可児市議会4つのサイクルアニュアルプランという現在の枠組みを確立するまでまさに議会改革に邁進して来ました。

　その結果、2016（平成28）年2月に再び実施した議会アンケートでは、「議会活動に関心がない」と答えた人の割合が10.1%と前回から26.6%減少し、議会改革の取り組みが着実に市民に浸透していきました。

　可児市議会は"民意を反映する政策タイムライン"として4つのサイクルに沿ってPDCAサイクルを回しています。とりわけ市民を対象とした議会報告会だけでなく、"若い世代との交流サイクル"として地域課題懇談会、高校生議会、ママさん議会、模擬選挙などを実施し、地域の将来を担う若者や子育て世代と可児市の魅力を共有し、その魅力を発信する主役・主体となってもらう仕組みを議会が中心となって学校・NPO・行政・地域と協働で構築していったことは、他にはない大きな特徴です。

文部科学省が各地の公立高校を核に、地域を支えていく人材を育成するモデル事業を2019年度から始める方針を示しましたが、可児市議会の取り組みは、まさに国の方針を先取りしたものであり、全国に誇れるものではないでしょうか。

　このように先駆的といわれている可児市議会ですが、元々は市民が求める議員像と現実の議会機能に齟齬があることを率直に認め、議会が住民の付託に応えるために議員1人ひとりが真摯に改革に取り組んできた結果ではないかと考えています。

　今後も現状に満足することなく、不断の努力が必要であると考えています。

（図）議員からの説明に真剣に耳を傾ける参加者

（出典）可児市議会

4　機能強化

「機能強化」とは

　「機能強化」は、議会が本来的に有している権限・能力を、適切かつ効果的に発揮するための環境整備・充実のあり方を問う項目です。議会改革度調査における「機能強化」に関する項目は多岐にわたり、その設問数は「情報共有」「住民参加」のおよそ2倍となっています。

　議会改革度調査では「機能強化」として、議会基本条例の制定とその後の改正状況、議会改革の実行計画の策定と検証状況、議長選挙のあり方、議員提案条例や修正案の提出状況、通年議会の導入、討議方法、所管事務調査の実施状況、議決事項の追加状況、自治体計画の検証状況、決算・予算の審査のあり方、外部サポートや事務局改革、災害時の行動指針、政治倫理のあり方、ICTや議会図書室の活用状況などを調査項目としています。

「機能強化」の視点①～議会基本条例の制定と PDCA サイクルの策定

　まずは、基本として、議会の理念やあり方を体系立てて定める「議会基本条例」を制定することを大前提としています。「議会基本条例」は、議会だけではなく地域全体そして住民のものです。制定にあたっては、住民の代表機関として、住民自治の根幹として、開かれた場であるべき姿を議論し、条例という形式で明記することが重要です。また、議会基本条例を定めるだけでなく、きちんと実行できているか定期的に検証し、必要に応じて改正を行っているかどうかも注視しています。

　さらに、議会改革全般についても、実行計画の策定と検証の実施状況についてを調査項目としています。議員の任期は4年間と短く、議長もその間何度か変わる議会もあります。そういった状況にあっても議会改革を着実に実践するために、議会改革にも PDCA サイクル（Plan（計画）→ Do（実行）→ Check

（評価）→ Action（改善））が必要と考えています。

「機能強化」の視点②～調査・研究、政策立案機能の充実

　地方分権が進むなかで、自治体の自己決定権が拡大し、議会には監視機能だけでなく政策立案機能が求められるようになりました。このため、これまで以上に、議会の調査・研究のための環境整備が求められています。

　議会改革度調査としては、政策型の議員提案条例、執行部提出議案への修正案の提出状況などのほか、環境整備のあり方として、外部サポート制度の活用状況や議会事務局改革について確認しています。また、タブレットなどICTの導入状況や議会図書室の充実についても設問を設けています。

「機能強化」の視点③～地域経営に資する取り組みを

　少子高齢化・人口減少が進み、災害の発生や財政の悪化など、自治体間の政策競争は、生き残りをかけてますます激しくなっています。そうしたなかで、議会は個別の質問・質疑だけでなく、将来を見通して具体的に地域経営に資するような調査・提言活動が求められるようになっています。

　そのため、議会改革度調査では、総合計画などの自治体計画、総合戦略をどのように検証し、提言しているか、決算と予算を連動させて有効に審査を行っているか、などについても重視しています。

4 機能強化［36. 議会基本条例の制定］

36 議会基本条例の制定

Key Point

議会基本条例は、議会の理念や果たすべき責務、執行部との関係性や
住民参加の方法など、議会のあるべき姿を体系立てて定めた条例です。
どのような議会のあり方が必要か、住民に開かれた形で議論を行い、
住民にとっても理解や納得ができるプロセスを経て制定しましょう。

議会基本条例の必要性

　地方分権が進むにつれて、地方自治体は国の下請機関から対等・協力の関係
へと移行し、地域のことは自らが議決して執行することになりました。それに
伴い、議決機関である議会は、これまで以上に果たすべき責務を担うようにな
りました。

　そこで、住民の代表機関であり二元代表制の一翼を担う議会のあり方を明文
化し定めたのが議会基本条例です。主な項目として、議会の理念や果たすべき
責務、執行部との関係性や住民参加の方法などがあります。

議会基本条例の制定状況

　議会改革度調査では、議会基本条例の制定状況を確認しています。結果、
「制定している」と回答した議会は54％にのぼりました（2017年度時点）。2006
年に北海道栗山町議会が議会基本条例を全国の議会で初めて制定してから10年
以上が経ち、半数以上の議会で制定されるようになったのです。調査を開始し
た2010年度は8％でしたから、急速にひろがったことがわかります。

139

CHAPTER 3 | 改革項目と先進事例

議会基本条例の内容

　議会基本条例の内容は、議会によって異なりますが、ここでは、北海道栗山町議会とともに、2006年に都道府県として初めて議会基本条例を制定した三重県議会の項目を比較してみましょう（表参照）。まだ制定していない議会は、すでに制定している議会を参考にしつつ、それぞれの議会にどのような議会基本条例が必要か、住民に開かれたオープンな場で議論し、制定しましょう。

（表）栗山町議会基本条例と三重県議会基本条例の項目比較

栗山町議会基本条例	三重県議会基本条例
・目的	・目的
・議会の活動原則	・基本理念
・議員の活動原則	・基本方針
・町民参加及び町民との連携	・議員の責務及び活動原則
・町長等と議会及び議員の関係	・会派
・町長による政策等の形成過程の説明	・議会運営の原則
・予算・決算における政策説明資料の作成	・議員の定数及び選挙区
・法律第96条第2項の議決事項	・議会の説明責任
・自由討議による合意形成	・大規模な災害その他の緊急事態への対応
・政務活動費の交付、公開、報告	・知事等との関係の基本原則
・議会改革推進会議	・監視及び評価
・交流及び連携の推進	・政策立案及び政策提言
・議会モニターの設置	・議会の機能の強化
・委員会等の適切な運営及び一般会議の設置	・附属機関の設置
・調査機関の設置	・調査機関の設置
・議会サポーターの協力	・検討会等の設置
・議会図書室の設置、公開	・文書による質問
・議会事務局の体制整備	・議員間討議
・議員研修の充実強化	・研修及び調査研究
・議会広報の充実	・政務活動費
・議員定数	・県民の議会への参画の確保
・議員報酬	・広聴広報機能の充実
・議員の政治倫理	・委員会等の公開
・最高規範性	・議会活動に関する資料の公開
・議会及び議員の責務	・議会改革推進会議
・見直し手続き	・交流及び連携の推進
	・政治倫理
	・議会事務局

140

4　機能強化［36. 議会基本条例の制定］

	・議会図書室 ・他の条例との関係 ・検討

実践例とポイント

［埼玉県所沢市議会］
議会基本条例と市民への説明責任

　所沢市議会は、積み重ねてきた議会改革の取り組みを確かなものとするため、2009年に議会基本条例を全会一致で制定しました。特徴は、市民への説明責任のあり方です。

　はじめに、「議会基本条例制定に関する特別委員会」を設置して、素案を作成しました。そして、パブリックコメントでひろく意見を募るとともに、「所沢市議会基本条例ミニシンポジウム」を開催し、大学教授の基調講演と市民との活発な意見交換を行いました。制定後も、議会基本条例制定報告会を開催するなど、市民への説明責任を果たす機会を積極的につくっています。

　さらに、2015年には条例改定に関する調査を行う「議会基本条例改定に関する特別委員会」を設置し、2016年に「災害時における議会の活動」などの内容について改正を行いました。関連する資料は、議会ウェブサイトで詳細に公開しており、市民が制定や改正の経緯を知ることができます。

CHAPTER 3 ｜ 改革項目と先進事例

37　議会基本条例の検証

Key Point

議会基本条例は、制定して終わりではなく、その成果や課題を検証することが、議会活動の質の向上にとって大切です。毎年自己評価を行い、議員任期である４年に１度は、第三者や市民による検証を受けましょう。検証結果を議会ウェブサイトで公開することも重要です。

検証の必要性

　議会基本条例が日本で初めて制定されてから10年以上が経ちました。現在、多くの議会が議会基本条例を制定し、議会改革を推進しているかのように見えますが、制定しただけにとどまっている議会が少なくありません。議会基本条例を制定した議会のなかで、「進化し続ける」議会と、「停滞・後退する議会」の二極化が始まっているのです。

　議会基本条例が「仏作って魂入れず」の状態にならないようにするためには、議会基本条例に基づいてどのような取り組みを実践できているのか、また課題として何があるのか、「検証」することが鍵となります。

検証の頻度と方法

　議会においてどのような活動を実施したのか、その成果と課題を PDCA サイクル（Plan（計画）→ Do（実行）→ Check（評価）→ Action（改善））に基づいて評価することが重要です。また、自己評価だけでなく、学識者などの専門的知見を有する第三者による評価や一般市民の視点による評価を実施することで、活動を多面的に捉えることが可能となります。PDCA サイクルを回しつつ、その経過を公開することにより、議会活動の質の向上だけでなく、住

民からの信頼にもつながるでしょう。

議会改革度調査では、議会基本条例の検証状況について確認しています。結果、「毎年実施している」は12％、「２年に１度実施している」は５％、「４年に１度実施している」は17％でした。また、その評価の仕方については、「自己評価」は31％、「第三者評価」は２％、「市民評価」は２％でした（2017年度時点）。

自己評価はできる限り毎年行い、議員任期である４年に１度は、第三者や住民などからの客観的な評価を得ることが望ましいといえます。

検証結果を公開する

議会改革度調査では、検証結果の公開状況についても聞いています。結果、議会基本条例を検証している議会のうち、「結果をインターネットで公開している」と回答した議会は36％でした（2017年度時点）。

議会基本条例を検証した後は、その結果を公表することが必要です。議会活動の透明性確保のためにも、誰でも閲覧できるように議会ウェブサイトに評価結果を掲載しましょう。

実践例とポイント

[北海道芽室町議会]

多角的な検証

芽室町議会は、議会基本条例に「最高規範性及び見直し手続き」を明記し、１年ごとに検証を行い、さらに議会ウェブサイト上に検証結果を公表している先駆的な議会です。

同条例中に検証と公表について明記しているほか、制度改善が必要な場合は、すべての議員の合意形成に努めたうえで実施する旨を表明しています。改正する際には、いかなる場合でもその理由や背景を説

明するといった説明責任の旨も明記しています。

　また、議会基本条例の条文を具体的な行動計画に落とし込んだ「議会活性化計画」を策定し、行動計画の工程表に基づき進捗管理も行っています。

　この取り組みのポイントは、議員・議会・第三者からの評価を反映させている点です。全議員が議会基本条例を検証し、その結果を議会としてとりまとめています。議会の附属機関として設置している、町民による「議会改革諮問会議」委員などからも意見を得て反映させる仕組みをつくっています。このように多角的な検証を行うことで、議会のひとりよがりにならない議会基本条例に基づく実践を進めることができるのです。

（図）議会改革諮問会議から答申書を議長へ提出

（出典）芽室町議会

4　機能強化［38. 議会基本条例の改正］

38　議会基本条例の改正

Key Point

議会基本条例は、制定し、検証したら終わりではありません。時代の
変化や議会改革の進み方に合わせて、改善が必要だと思われる箇所は
改正しましょう。一度改正すれば終わりではなく、その都度見直しを
行うことも大切です。

改正の必要性

　議会基本条例を制定し、検証する議会が少しずつ増えています。しかし、検
証するだけで終わりではありません。時代の流れに合わせて、また、議会改革
の進み具合や住民との関係性が変わるにつれて、定めるべき事項も変化するは
ずです。議会基本条例の検証結果をもとに議会内で議論を行い、住民とともに
対話しながら、改善が必要だと思われる箇所は改正を行いましょう。

　議会改革度調査では、議会基本条例の改正状況について確認しています。結
果、議会基本条例を制定している議会のうち、「改正をした（議決事件の改正
のみ）」は７％、「改正をした（議決事件以外にも改正した）」は23％でした
（2017年度時点）。なお、ここでの「議決事件の改正」とは、地方自治法96条２
項の規定に基づき（議会の議決すべき事件を条例で定めることができるという
内容）議会基本条例において議決事件の追加について改正を行う議会が多くあ
ることから、設問を分けて聞くことにしました。また、「政務調査費から政務
活動費への変更」のような名称変更は改正に含めないとしています。

生きた議会基本条例に磨き上げる

　議会基本条例は、一度改正したら終わりではありません。その都度、必要な

145

CHAPTER 3 | 改革項目と先進事例

箇所に改正を加える見直し作業を続けることで、「生きた議会基本条例」であり続けることができます。しかしながら、昨今、一度定めた議会基本条例について、内容を後退させるような改正を行う議会が出てきていることも確かです。議会基本条例は議会だけのものではなく、その地域や住民のものです。改正を行う場合は、住民への説明責任を果たすためにも、住民と対話を行いながら、改正のプロセスや理由を丁寧にわかりやすく説明することが求められます。また、改正経緯はすべて議会ウェブサイトで公開しましょう。

改正の内容

議決事件の追加以外で議会基本条例を改正した議会ではどのような改正を行っているのでしょうか。ここでは「議会改革度調査2017ランキング」で20位以内に位置する議会が改正した内容を具体的に見てみましょう。

（表）「議会改革度調査2017ランキング」で20位以内に位置する議会の、議会基本条例の改正内容（一部省略）

順位	議会名	改正内容
1位	北海道芽室町議会	災害時対応（議会BCP）
2位	滋賀県大津市議会	議会活動実行計画の策定
5位	三重県四日市議会	本会議における公聴会等
6位	群馬県桐生市議会	災害対応
7位	岐阜県可児市議会	調査機関の設置、正副議長の所信表明、地域課題懇談会の開催、委員会代表質問
8位	福島県会津若松市議会	請願者・陳情者への説明機会確保、市民との意見交換会の開催を義務づけ
9位	大阪府堺市議会	議員の職務、災害発生時の議会の役割及び責務
11位	新潟県上越市議会	発議条例案に対するパブリックコメントの実施など
12位	神奈川県茅ヶ崎市議会	請願・陳情者の趣旨説明の機会、広聴の充実
14位	兵庫県議会	公聴人、参考人制度の活用
15位	兵庫県西脇市議会	議会図書室の充実
17位	茨城県取手市議会	委員会での市民の発言権と請願等提出者の発言権の整理、質疑形式の選択性

4 機能強化 [38. 議会基本条例の改正]

18位	愛知県岩倉市議会	議会サポーターの設置
19位	三重県鳥羽市議会	議会事務局職員の人事、議会費の予算要望書提出
20位	栃木県那須塩原市議会	すべての会議を原則公開へ

　上記のように、議会によって改正内容はさまざまです。一度定めて終わりではなく、検証や改正を積み重ねることで、その議会独自の議会基本条例に育てていくことが大切です。

実践例とポイント

[北海道栗山町議会]
毎年の検証と複数回の改正

　日本で初めて議会基本条例を制定した栗山町議会では、これまでに複数回の改正を行っています。

　実践のポイントは、後退ではなく前進です。2016年には、議会基本条例の見直し手続きについて、議員任期である4年ごととしていたものを1年ごとに頻度を上げた内容に改正しました。また、改正の履歴は、新旧対照表を含めてわかりやすく議会ウェブサイトですべて公開しています。

（表）栗山町議会基本条例の主な改正内容

2016年7月：選挙ごとの検証→1年ごとの検証に変更など
2014年12月：政治倫理条例の追加など
2011年6月：基本構想にかかる文言の修正
2011年5月：正副議長選挙のあり方追加など
2009年4月：サポーター制度の追加
2009年1月：住民投票の追加など
2008年4月：議会モニター、調査機関の追加など

議会基本条例制定後の次の一手

群馬県桐生市議会事務局　局長　青木　哲

　桐生市議会の議会改革の原点は、2011（平成23）年選挙の投票率が前回選挙から大幅に落ち込んだ苦い経験にあります。選挙結果を受け、当選議員から改革を求める声があがり、「市民に開かれた議会」を合言葉に、本気の議会改革が始まりました。

　議会改革第1期といえる2011（平成23）年から2014（平成26）年までは、その声を受けて、議会基本条例の作成に取り組み、条例制定までに2年3か月かかりましたが、議会改革の基礎をつくりました。さらに、条例に勢いを得て、議会報告会をはじめ、インターネット中継、SNSの活用、FM放送番組などの「情報発信」策を次々に繰り出しました。

　議会改革第2期となる2015（平成27）年から2018（平成30）年までは、次のステップとして「いちばん身近な頼れる議会」を目標に掲げ、「市民の声を積極的に聴いて、議会がそれを政策化する」ため、「住民参画」策と「議会権能強化」策に力を入れました。その結果、「高校生・大学生や市内企業の若手社員その他各種団体とのまちづくり討論会などを企画し、意見を積極的に聴取すること」、「議会モニターを導入して、15歳以上の様々な世代の議会への参画を推進すること」、「大学教授のアドバイスを受け、議会として当初予算要望書を予算編成以前に市長に提出すること」、「常任委員会で、政策条例や政策提言を計画的に検討すること」など、新たな取り組みを軌道に乗せることができました。

　さらに、これらの検討過程において、将来的に選挙等で議員構成が変わっても、議会改革の歩みを絶やさずに継続していくための「仕組みづくり」の必要性を認識したことから、2017（平成29）年に地域政策及び議会改革調査特別委員会を設置して、現議員の任期を計画期間とする「桐生市

議会 議会改革実施計画」を作成しました。実施計画は、議会改革のPDCAサイクルを回すツールとして活用し、市民にその計画内容と進捗状況を公表することにより、議会改革の効果を一層高めるものと期待しています。

　このように、桐生市議会は、常に目標を掲げて、これまで着実に議会改革を進めてきましたが、今後とも、市民と向き合う議会として、引き続き努力をしてまいります。

（図）若い世代の声を市政につなぐ大学生とのまちづくり討論会

（出典）桐生市議会

CHAPTER 3 | 改革項目と先進事例

39 議会改革の検討組織

> **Key Point**
>
> 議会全体で継続的に議会改革を進めるために、議会改革の検討組織を
> つくりましょう。全党派で取り組むとともに、会議は住民にオープン
> な形で進め、決定事項や資料を議会ウェブサイトで公開しましょう。

検討組織はなぜ必要？

　皆さんの議会において、議会改革のエンジンはどこにありますか。やる気の
ある議長や議員個人など、議会によってさまざまかもしれません。しかし、議
会改革を議会総体として推し進めるためには、正式な検討組織が必要です。

　議会改革度調査では、議会改革のための検討組織の設立状況について確認し
ています。結果、「設立している」は71％、「設立していたが、既に解散済み」
は17％、「設立していない（過去にも無い）」は13％で、多くの議会が設立して
いることがわかりました（2017年度時点）。

　「設立していたが、既に解散済み」と回答した議会は、議会基本条例を制定
するまでは設立していたが、制定した後は解散したということのようで、その
ような議会も多いことでしょう。しかし、議会改革に終わりはありません。時
代に合わせて、そのときどきの課題が次々と生まれていきます（災害における
議会の対応や、18歳選挙権の実現による議会のシティズンシップ推進など）。
ある程度決まったら終わりではなく、継続的に議会改革を議論して進めること
のできる環境を整えることが重要です。

超党派でオープンに

　検討組織のあり方は、議会によってさまざまです。組織を設立していなくと

150

4 機能強化 ［39. 議会改革の検討組織］

も、議会運営委員会で協議を行ったり、任意の検討部会やワーキンググループを立ち上げたりしている議会もあるでしょう。

議会運営委員会は、地方自治法により「議会運営委員会は、次に掲げる事項に関する調査を行い、議案、請願等を審査する。一　議会の運営に関する事項　二　議会の会議規則、委員会に関する条例等に関する事項　三　議長の諮問に関する事項」（109条）と定められていることから、議会運営に関する改革事項は議会運営委員会内で議論することができます。

しかし、議会改革では、議会運営だけではなく政策提言的なことを含め幅広い項目を扱わなければなりません。また、一般的な議会運営方法とは異なり、重点的に議論した方が集中して取り組みやすくもなります。改めて別に改革のための検討組織を立ち上げることを検討しましょう。

検討組織が円滑に活動するためのポイントは、すべての会派（会派がある場合）が参加して進める体制を整えることです。議会改革は、議会全体の課題です。そのため、議会改革を進めるうえでの合意形成のあり方が鍵となります。また、議論を進めるうえで、密室の会議はいけません。住民が直接傍聴したり、後日動画などで視聴したりできる環境を整え、会議資料はすべて議会ウェブサイトで公開しましょう。オープンな環境で継続的に進めることで、着実に議会改革が進展していくはずです。

実践例とポイント

［大阪府堺市議会］
議会力向上会議

堺市議会では、地方分権時代にふさわしい議会のあり方について協議し、議会機能の強化及び活性化を図るため「議会力向上会議」を設置しています。

この組織は、議会運営委員会正副委員長を正副座長とし、各会派か

ら2名ずつ、会派に属さない議員から1名議員を選出し、構成しています。会議は原則公開とし、住民は傍聴することができます。

この取り組みのポイントは、継続的な開催です。堺市議会では、2011年に「議会力向上会議」を設置した当初は主に議会基本条例の制定に力を入れていました。同条例の制定に際しては、住民からの声をひろく取り入れるため意見聴取会を開催したほか、郵送などでも意見を募集しました。2013年に議会基本条例を制定した後も「議会報告会（高校生みらい議会）の開催」「議会業務継続計画（BCP）」「請願・陳情者の意見陳述」など、具体的な検討項目を定め、毎年改革を積み重ねています。

また、2017年度からは検討項目やスケジュール、調査した分析結果などを時系列で議会ウェブサイトに掲載しており、住民にとっても議会改革の経緯を知ることができる貴重な資料になっています。

（図）議会力向上会議の審議スケジュール

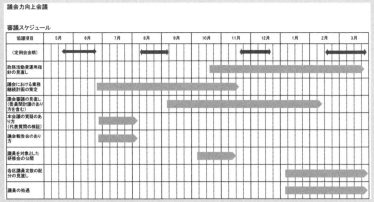

（出典）堺市議会ウェブサイト（http://www.city.sakai.lg.jp/shigikai/kaigi/kojo.html）

議会改革の実行計画

> **Key Point**
>
> 議会改革を体系立てて具体的に進めるために、その実行計画を策定しましょう。また、実行計画の検証については、議会内部による自己評価のほか、学識経験者などで構成する第三者機関や住民からの評価を行い、議会ウェブサイトで公開することも重要です。

実行計画はなぜ必要？

　皆さんの議会では、どのように議会改革を進めていますか。議員任期は4年と限られており、議会を統括する議長は1〜2年で交代する議会がほとんどです。議会事務局職員も数年で異動となるケースが多いでしょう。そのようななかで、議会改革の成果を着実にあげていくためには、「実行計画」が必要となります。

　また、議会基本条例を制定している議会は全体の約半数にのぼりますが、議会基本条例に掲げた内容を実行している議会はどれくらいあるでしょうか。制定しただけで実行を伴わない条例は、まさに「絵に描いた餅」そのものです。

　議会改革度調査では、議会改革に関する実行計画の作成状況について確認しています。結果、「実行計画を作成している（議会基本条例を基に作成）」は2％、「実行計画を作成している（議会基本条例とは別に作成）」は5％とごくわずかとなりました（2017年度時点）。つまり、9割以上の議会は、実行計画なしに議会改革を進めていることになります。

　本気で議会改革を進めるのであれば、まずは実行計画を作成しましょう。目的を議会全体で共有し、項目ごとに役割や目標値などを盛り込んだ工程表をつくることで、効果的に議会改革を進めることができます。また、進捗状況を含

めて公開することで、住民に対する説明責任も果たすことができます。

検証し、住民にひろく公開する

実行計画は定めれば終わりではありません。実際にどれくらい達成できたのか、改善点は何なのか、検証することが肝心です。

議会改革度調査では、実行計画の検証状況について聞いています。結果、「実行計画の自己評価を実施している」は4％、「実行計画の第三者評価を実施している」は1％、「実行計画の市民評価を実施している」は0.4％にとどまりました（2017年度時点）。

検証は、議会内部による自己評価だけでなく、学識経験者などで構成する第三者機関や、住民によるチェックも必要です。毎年もしくは、2～4年に1度など、定期的に評価を受ける仕組みをつくり、結果をホームページなどで住民にひろく公開しましょう。

議員研修やICT化なども計画を

議会改革全体の実行計画以外にも、「議員研修」や「議会のICT化」など各論テーマについても、計画を立てて推進する議会があります。

例えば、議員の資質向上はとても重要なテーマですが、毎回、そのときどきで単発でテーマを決め、議員研修を実施している議会も多いのではないでしょうか。そのようななか、北海道芽室町議会では、「議員研修計画」を毎年策定し公開しています。「議員の資質の向上と議会活動の活性化を図り、町政の健全な発展と住民福祉の増進に寄与すること」を目的とし、基本的な知識を学ぶ「一般研修」と、委員会などで具体的な政策や実務を学ぶ「専門研修」に分けて計画・実行しています。

また、議会のICT化も進みつつありますが、戦略的にトータルで計画を立てている議会はどれくらいあるでしょう。先進例として、愛知県安城市議会では「ICT推進基本計画」を策定しています。4つの基本事項に、7つの分野、29の小項目を設け、4年間の計画を立てることで、着実にICT化を推進して

4 機能強化［40. 議会改革の実行計画］

いるのです。

実践例とポイント

［滋賀県大津市議会］
ミッションロードマップ

　大津市議会では、議会基本条例の理念を具現化するため、実行目標や工程などを定めた「大津市議会ミッションロードマップ（議会版実行計画）」（図参照）を策定しています。この計画は、議員任期にあたる4年間を対象としています。

（図）議会基本条例の理念を具現化するための実行計画

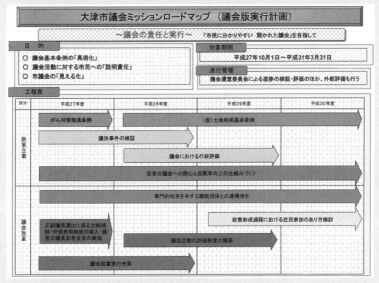

（出典）大津市議会ウェブサイト（http://www.city.otsu.lg.jp/material/files/group/129/otsushigikaimissyonrodomappu（gaiyou）.pdf）

155

CHAPTER 3 | 改革項目と先進事例

　この取り組みのポイントは3つあります。1つ目は、策定にあたり全会派の代表で組織する「政策検討会議」で内容を検討し、議会運営委員会決定しているため、議会での合意形成を実現していること。2つ目は、議会運営などに関する「議会改革事項」と、条例制定などの「政策提案事項」の実施メニューを分けて作成していること。3つ目は、外部委員を導入した評価制度の確立を規定していることです。進捗状況は議会でチェックするほか、第三者の目も入れることで、住民に対して説明責任を果たす仕組みを担保しています。

4　機能強化［41. 議会改革の検証］

41　議会改革の検証

Key Point

議会改革の検証のあり方が問われています。まずは自己評価を実施して、その結果について第三者や市民の立場から客観的に評価を得る機会を設けましょう。検証結果を議会ウェブサイトで公開することも重要です。

検証の重要性

　議会改革が全国で進むにつれて、改革の内容とともに、検証のあり方が問われています。いくら改革を進めたとしても、その手法が適当だったのか、その改革の結果どのような効果を生んだのか、冷静に検証する機会がなければ、改革の意義は半減するといっても過言ではありません。

　「37. 議会基本条例の検証」の項目でも触れていますが、実行するだけでなく、成果と課題を PDCA サイクル（Plan（計画）→ Do（実行）→ Check（評価）→ Action（改善））に基づいて検証することが重要です。

　議会改革度調査では、議会改革の検証の実施状況について確認しています。結果、「議会改革全般の評価を行っている」と回答した議会はわずか8％でした（2017年度時点）。なお、その評価方法は、「自己評価」が8％、「第三者評価」が1％、「市民評価」が1％でした。また、「結果をインターネットで公開している」と回答した議会は3％でした。

　自己評価を実施している議会は1割に届きそうなものの、第三者評価や市民評価を実施している議会はほとんどない状況にあります。まずは自己評価を実施して、さらにその結果について第三者や市民の立場から客観的に評価を得る機会を設けましょう。検証結果を議会ウェブサイトなどで公開することも重要

157

です。

評価の方法

それでは、評価はどのように進めればよいでしょう。評価方法は、大きく分けて「自己評価」「第三者評価」「市民評価」の３つがあります。

１つ目の「自己評価」は、議会自身による評価です。会派を超えて組織する議会改革のための組織や、議会運営委員会などにおいて実施します。２つ目の「第三者評価」は、学識者などの有識者による評価です。大学教授や研究機関、議会に設置する附属機関などから評価を受けます。３つ目の「市民評価」は、住民による評価です。住民や地元 NPO 組織などから、一般市民の目線で評価を受けます。

なお、「第三者評価」や「市民評価」は、あらかじめ議会自身で「自己評価」を実施して、その結果をもとに第三者や市民から評価を受けることが主流となっています。そして、最終的に議会として総合的な評価結果をとりまとめ、議会ウェブサイトなどで公開します。

評価の視点

次に、評価する際の視点を見てみましょう。評価の視点は、大きく分けて「進捗度の評価」「成果の評価」「課題・改善点」「今後の方向性」の４つがあります。

１つ目の「進捗度の評価」では、目的や目標に対して、どの程度進んだのか、何が達成できて、何が達成できなかったのかを確認します。２つ目の「成果の評価」では、その取り組みを行った結果、どのような変化や影響が起こったのかを明らかにします。３つ目の「課題・改善点」では、進捗や成果を踏まえたうえで、どのような課題や改善点があるのかを抽出します。４つ目の「今後の方向性」では、改革項目について継続するのか方針を転換するのかなど、今後の方向性を最終的に判断します。

これ以外にも、評価の視点はさまざまありますが、まずはこの４つを基本と

4　機能強化［41. 議会改革の検証］

して検証を進めてみてはいかがでしょう。

実践例とポイント

［北海道旭川市議会］
自己評価＋第三者評価

　旭川市議会では、議会運営全般に対する検証を行っています。ポイントは、議会自身による自己評価を行ったうえで、大学教授などの学識経験者で構成する検証者3名から評価を受けていることです。

　自己評価では、改革等の項目ごとに、「（該当する）基本条例等」「取組目標」「評価結果〈評価段階は5段階、5：目標達成、4：おおむね目標達成、3：一部目標達成、2：ほとんど目標未達成、1：未着手のため今後の取組必要〉」「進行管理及び課題等〈進行管理は6段階、ア：実施に向け検討、イ：改善・拡充、ウ：継続・現状維持、エ：完了・終了、オ：休止・廃止、カ：その他〉」を明記しています。

　第三者評価では、議会の自己評価結果を検証の対象とし、評価の妥当性や今後のあるべき方向性について、全体的な検証と項目別の検証を行っています。約1か月間をかけて、検証者による会議を4回実施し、合議によって検証結果のとりまとめが行われました。

　このように、自己評価と第三者評価を組み合わせることで、自らの内省や考察を深めたうえで、客観的な視点を議会改革に取り入れることができるのです。

159

CHAPTER 3 | 改革項目と先進事例

42 議長選挙

> **Key Point**
>
> 議長選挙は立候補制を導入し、オープンな形で選挙を実施しましょう。所信表明などを通して、立候補者が議長になったら任期中に何を目指すのか考えを明らかにするとともに、議長を選ぶ過程を公開することも重要です。

議長の役割とは何か

　地方自治法は、「議会は、議員の中から議長及び副議長一人を選挙しなければならない」（103条）、「議長は、議場の秩序を保持し、議事を整理し、議会の事務を統理し、議会を代表する」（104条）と定めています。

　二元代表制の一翼を担う議会のリーダーとして、議長には大きな役割と責任があります。地方創生時代を迎え、議決権を持つ議会の役割はより重要となっており、議長の選び方は、その後の議会や地域の運営やあり方に大きく影響を与えるといえるでしょう。

立候補制を導入しよう

　皆さんの議会では、どのように議長を選んでいますか。持ちまわりや暗黙の了解で決まるなど、住民からわかりにくい方式で選んでいませんか。議会の代表を密室で選んでいたのでは、住民から議会への信頼は得られません。議長はただの名誉職ではなく、民意を反映する機関の代表です。まずは、議長の選び方から変えましょう。

　議会改革度調査では、議長選出の方法について確認しています。その結果、「立候補制を導入している」と回答した議会は26％でした（2017年度時点）。ま

160

た、「所信表明をする機会がある」議会は38%、「マニフェストを表明する機会がある」議会は3％と、議長選出の改革の取り組みは少ない状況にあることがわかりました。

　まずは、議長選挙のあり方を明らかにし、議会基本条例などで規定することから始めましょう。例えば、議会基本条例を2006年に日本で初めて制定した北海道栗山町議会では、「議会は、正副議長の選出に当たり、本会議においてそれぞれの職を志願する者に対して所信を表明する機会を設け、その選出の過程を町民に明らかにしなければならない」（栗山町議会基本条例2条）と規定し、本会議中にその所信表明の場を設けています。

　なお、地方自治法では「普通地方公共団体の議会において行う選挙については、公職選挙法第四十六条第一項及び第四項、第四十七条、第四十八条、第六十八条第一項並びに普通地方公共団体の議会の議員の選挙に関する第九十五条の規定を準用する」（118条）と定められていることもあり、議長選出を本会議中でなく休憩中に行う議会も多くを占めますが、より住民に開かれた場で行うことが望ましいといえます。

議長マニフェストと所信表明の導入

　議長選出にあたっては、各候補者がマニフェストを掲示し、所信表明を行うなど、事前に候補者が自らの考えを示し、すべての議員がそれを確認したうえで選ぶことが重要です。また選出の際に質疑応答の時間を設けることで、より深く候補者の考えを理解することにつながります。

　さらに、マニフェストや所信表明の内容を記録し、議会ウェブサイト上で公開することで、議長の任期が終わってから、何が達成できて何の課題が残っているかといった検証をすることも可能となります。

議長選挙を公開する

　議長を選ぶ過程すべてを傍聴することができる機会を設け、また、議会ウェブサイトなどインターネット上で会議録や動画を公開し、住民がいつでもどこ

CHAPTER 3 | 改革項目と先進事例

からでも確認することのできる環境を整えることも大切な視点です。

　議会改革度調査結果によると、議長選出の際にマニフェストや所信表明など
を述べる場がある議会のうち「立候補者の演説を傍聴できる」議会は58％、
「立候補者の演説をインターネット上で動画で公開している」議会は20％、「立
候補者の演説をインターネット上でテキストで公開している」議会は7％でし
た（2017年度時点）。

　このように、傍聴やインターネット公開を通して、住民が議員と同じように
議長選出の経過と結果を確認できる環境を整えましょう。

実践例とポイント

［兵庫県西脇市議会］
議長選挙の公開と議長マニフェスト

　西脇市議会では、議長選挙の立候補制を導入しています。特徴は、
公開した場で議長選挙を行っていることです。以前は、休憩中に議長
選挙を実施していましたが、現在は、本会議で立候補者が10分間の演
説を行い、その模様をインターネットで中継するとともに、会議録と
して正式に記録しています。

　ある立候補者は（その後、議長に就任）、自身の考えをひろく周知
するため、1週間前から全議員に議長マニフェストを手渡すとともに、
その内容についてホームページやSNSなどを通じて市民にも届けま
した。議長に就任後は、リーダーシップを発揮しその内容に基づいて
議会改革を推進しています。

4 機能強化［43.議員提案条例］

43 議員提案条例

Key Point

議会は多様な民意に根ざした政策や条例を提案する「立法機能」を担っています。委員会提出や議員提出で条例案を作成し、政策的な議員提案条例を制定しましょう。議会事務局を含めた「チーム議会」の取り組みが肝心です。

議員提案条例はなぜ必要か？

　議会は、行政の監視や議決機関としての役割だけでなく、多様な民意に根ざした政策や条例を提案する「立法機能」の役割を担っています。現在どこの自治体でも議案提出のほとんどは執行部が行っていますが、議会には執行部とは違う視点で条例を提案することが期待されています。

　なぜ、議会が条例を提案する必要があるのでしょうか。執行部は、その性質上計画された事務を確実に着実に執行していくことが求められます。しかし、首長の意向が強くなってしまいがちであり、前例踏襲、横並び、組織の縦割り的な発想で提案される傾向があるともいえます。

　一方、住民の代表機関である議会では、行政では受け止めにくい横断的かつ包括的な視点で、条例を作成することが可能です。条例案を作成するプロセスでは、住民のさまざまな声を反映させることもできます。自治体の政策立案に「多様な民意」を反映させるために、「立法機能」においても議会の役割が重視されているのです。

委員会提出、議員提出が可能

　議会改革度調査では、ここ3年間における、政策型議員提案条例の制定状況

163

について確認しています。結果、「1件」は11%、「2件」は3%、「3件」は0.5%、「4件」は1%、「5件以上」は0.2%でした（2017年度時点）。なお、「政策型」としているため、議会基本条例や議員報酬・議員定数など議会や議員に関する条例は含めないこととしています。

　地方自治法は、議員立法について、議員提出と委員会提出を可能としています。議員提出については、「普通地方公共団体の議会の議員は、議会の議決すべき事件につき、議会に議案を提出することができる。但し、予算については、この限りでない。②　前項の規定により議案を提出するに当たつては、議員の定数の十二分の一以上の者の賛成がなければならない」（112条）と定めています。また、委員会提出については「⑥　委員会は、議会の議決すべき事件のうちその部門に属する当該普通地方公共団体の事務に関するものにつき、議会に議案を提出することができる。ただし、予算については、この限りでない」（109条）と定めています。最近では、議員や会派個別ではなく、議会としての活動が重視されるようになったことから、委員会提出の議員提案条例も増えています。

求められる「チーム議会」の姿勢

　議員立法の成否は、議会全体で一丸となって向き合う「チーム議会」として、いかに行動できるかにかかっています。民意を反映し、包括的な立案をするためにも、日ごろから住民との意見交換を積極的に行うほか、党派・会派にこだわらず同じ議会の一員として課題に向き合う超党派の取り組みが肝心です。

　また、条例を作成するにあたっては、議会事務局職員のサポートが欠かせません。課題やテーマについて、法的な観点を交えながら、密に意見交換を行うことが必要です。議会改革度調査の結果では、「法務担当職員を配置している」と回答した議会はわずか8％でした（2017年度時点）。議会事務局職員のスキルアップをはじめ、外部サポート制度や議会事務局改革を視野に入れたテコ入れが今後の課題といえるでしょう。

4　機能強化 ［43.議員提案条例］

実践例とポイント

［神奈川県横浜市会］
議員提案条例の政策競争

　横浜市会は、2010年の横浜市中小企業振興基本条例の制定から今日に至るまで16以上の議員提案条例を制定・改正している、議員提案条例の先進議会です。その特徴は、各会派による政策競争が展開されていることです。自民党横浜市議団は会派マニフェストに基づいて「条例化推進プロジェクトチーム」をつくり、会派ウェブサイトにおける住民の意見募集、関連団体との意見交換を行い、多様な民意を条例制定につなげています。他会派においても条例を提案したり、複数会派で共同提案を行い全会一致で可決された例もあります。

　また、議会局は、議員の条例作成をサポートするため、政策調査課を配置するとともに、政策調査レポートなどを発行しています。会派を超えた取り組みや議会局職員のサポート体制など「チーム議会」として活動することで、先駆的な条例制定が複数実現しているのです。

（表）横浜市会における近年の議員提案条例制定状況

・横浜市官民データ活用推進基本条例（2017年3月制定）

・横浜市狭あい道路の整備の促進に関する条例（2016年12月制定）

・横浜市商店街の活性化に関する条例（2015年2月制定）

・横浜市の都市農業における地産地消の推進等に関する条例（2014年12月制定）

・横浜市がん撲滅対策推進条例（2014年6月制定）

・横浜市落書き行為の防止に関する条例（2014年6月制定）

・横浜市子供を虐待から守る条例（2014年6月制定）

・横浜市将来にわたる責任ある財政運営の推進に関する条例（2014年6月制定）

165

CHAPTER 3 | 改革項目と先進事例

44　修正案の提出と否決

Key Point

二元代表制の一翼を担う議会は、大きな議決責任を有しています。議案の審査を行うなかで、必要だと思われる際は、議会としての修正案を提出することが重要です。場合によっては、否決が必要なときもあるでしょう。

「可決」するだけでよいのか？

　二元代表制の一翼を担う議会は、大きな議決責任を有しています。その自治体の議案を執行するかどうかは、議会の議決にかかっているのです。

　現在、自治体で提出される議案は、執行部からの提出がほとんどを占めています。議会が提出する議案は圧倒的に少なく、また、執行部が提出する議案のほとんどは議会で修正も否決もされることなくそのまま可決される状況にあります。これでは、議会の存在意義が問われ、議会不要論が主張されても仕方ありません。

　地方自治法では、修正案の提出について「普通地方公共団体の議会が議案に対する修正の動議を議題とするに当たつては、議員の定数の十二分の一以上の者の発議によらなければならない」（115条の３）と定めています。また、このほかにも委員会として修正案を提出することが可能となっています。

　議会改革度調査では、修正案の提出状況について確認しています。結果、「委員会による修正案を提出（可決）」は７％、「委員会による修正案を提出（否決）」は１％、「議員による修正案を提出（可決）」は６％、「議員による修正案を提出（否決）」は13％でした。また、否決の状況については「執行部が提出した議案を否決」は10％にとどまりました（2017年度時点）。つまり、約

166

9割の議会が「可決するだけ」の現状にあるのです。

　議会の重い議決責任からすれば、審査や討議を十分に行うことだけでなく、重要な議案について必要だと思われる際は修正案を提出することが求められます。場合によっては、否決が必要なときもあるでしょう。

附帯決議の効力は？

　賛成、反対だけでは表せない議会としての意思を「附帯決議」としてつけることも重要なことです。附帯決議をつけることで、「賛成はするものの、この議案にこれだけは意見しておきたい」と意思を表明し、後々まで残すことができます。ただし、附帯決議は、修正案と異なり法的な拘束力はありません。あくまでも、政治的な意思を表明するにとどまってしまうことに注意しましょう。

実践例とポイント

［岐阜県可児市議会］
予算案を修正可決

　可児市議会では、2018年一般会計予算について、付託を受けた予算決算委員会において修正動議が提出され、審議の結果、賛成多数で修正案を可決するに至りました。修正は、地方版図柄入りナンバープレートの実現を目指す「東美濃ナンバー実現協議会」への負担金300万円を削除し、観光振興に充てる商工費を300万円増額する内容でした。

　ポイントは、議会が修正の必要性を判断した際、住民アンケートの結果を参考にしている点です。市議会は、「東美濃ナンバー」に関するアンケートで「反対」が「賛成」を大きく上回っていることから、市民へのなじみが薄いと感じる点を強調しました（執行部は、同アンケート結果で反対が過半数を下回っていることなどから導入を進める

としていました)。結果、各市町から県へのナンバー導入申請がまだなされていないことなどから予算化を見合わせ、代わりに広域連携が必要との声が多く寄せられていた観光振興について予算を増額する案を提出したのです。

(図)予算案修正のプロセスを議会だよりでも紹介

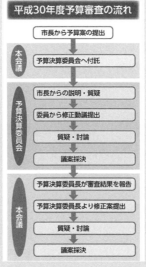

(出典)可児市議会だより(2018年第68号)

4 機能強化［45. 通年議会］

45 通年議会

Key Point

議会の招集権は首長にありますが、通年議会を導入すると、議会の意思で自由に会議を開くことができるようになります。これにより、緊急な案件にも対応しやすくなります。多角的かつ十分な議論を経て議決することができるよう、通年議会を導入しましょう。

議会を招集するのは誰？

　地方自治法は、「普通地方公共団体の議会は、普通地方公共団体の長がこれを招集する」（101条）と定めています。つまり、原則として、首長が招集しない限り議会は開催できないのです。

　これが地方自治の課題として注目を集めたのは、2010年、鹿児島県阿久根市長が市議会を招集せず、市長による専決処分を連発した際のことでした。その際、阿久根市議会は通年議会制を可能とする条例を可決しましたが、市長が同条例を公布せず、施行できない事態にまで陥りました。

　その後、全国的に議会の招集権のあり方に議論がおよび、また、地方分権の流れから議会の機能強化が求められるようになったこともあり、2012年地方自治法改正で「条例で定めるところにより、定例会及び臨時会とせず、毎年、条例で定める日から翌年の当該日の前日までを会期とすることができる」（102条の2）という規定が加わり、会期を1年とする通年議会が法律の担保のもと可能になったのです。

通年議会の導入方法

　通年議会の導入には、2つの方法があります。

169

1つは、前述の地方自治法の改正前から試みられていた方法であり、従来の定例会の運用を工夫して実施するものです。地方自治法は、「定例会は、毎年、条例で定める回数これを招集しなければならない」（102条）と定めています。このため、定例会を年1回と定めることで、通年議会を実現することができます。この場合、首長の招集は年1回となります。

もう1つは、前述の地方自治法改正を踏まえて、会期を1年とする方法です。この場合は、4年に1度の議員改選期を除けば、自動的に議会を開催することができます（2年目からは、みなし招集となる）。

議会改革度調査では、通年議会の採用状況を確認しています。その結果、「採用している（従来の定例会の運用にて対応）」は4％、「採用している（地方自治法改正による「通年の会期」を採用）」は2％でした（2017年度時点）。

いずれの方法を選択するかは、議会の中で議論をすることが必要ですが、議会の機能強化を高めるためにも通年議会を導入することが求められます。

通年議会のメリット

通年議会を導入すると、どのようなメリットがあるでしょうか。主に3つあげられます。

1つ目は、審査・調査の充実がはかられるようになる点です。議員間討議を行ったり、参考人招致をしたり、継続的な所管事務調査を行ったり、十分な審査の時間をとることが可能となります。

2つ目は、災害や地域の緊急課題など、突発的な問題に対応しやすくなる点です。最近大きな災害が多発していることもあり、議会の機動力向上が問われています。

3つ目は、執行部の専決処分を回避しやすくなる点です。議会での議論を経て物事を決めるための環境が整います。

4　機能強化［45. 通年議会］

> 実践例とポイント

［滋賀県大津市議会］
通年議会

　大津市議会では、定例会を年1回と定め、毎年5月に開会し翌年の4月までを会期とする、通年議会を採用しています。

（図）大津市議会における通年議会の開催スケジュール

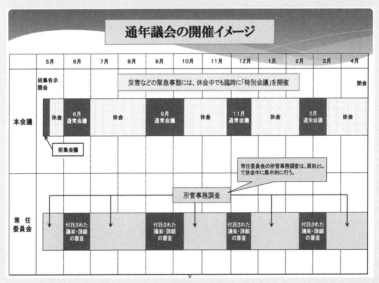

（出典）大津市議会

　きっかけは、2012年の市立中学校におけるいじめ問題と大津市南部豪雨災害でした。その際に、議会として執行部の体制・対応を問い質す必要があったものの、議会は閉会中で議会としての対応が困難な状況に陥ったのです。その反省を踏まえ、絶え間なく執行部を監視する体制づくりと、災害への危機管理体制づくりの一環として、毎年5月

CHAPTER 3 | 改革項目と先進事例

に開会し翌年の4月末までを会期とする通年議会を導入しました。これにより「閉会中」がほぼなくなり「休会中」となり、その間、議会の判断で議会を開くことができるようになりました。

　この取り組みのポイントは、審査・調査の充実です。年4回の通常会議では付託された議案・請願の審査に集中し、休会中に常任委員会の所管事務調査を行っています。

議会改革を推し進めるサイクル

石川県加賀市議会　議会活性化特別委員会　書記　東藤　一也

　加賀市議会は、平成23年4月に議会基本条例を施行し、以降、さまざまな議会改革に取り組んできました。

　その改革の一環として、平成27年度に導入したのがPPDCAサイクルです。一般的に行政ではPDCAサイクル、つまり「Plan（計画）」「Do（実行）」「Check（検証）」「Action（改善）」ですが、本議会では「Plan」（5W・1H）は明確に定めたうえで、「Do」に至る前を「Process（手順・経過）」として別に設け、PPDCAサイクルとしています。このプロセスを明らかにすることで、事務の進捗状況がわかり、進行管理がしやすくなります。

　また、書記に異動があったときも、事務引継の参考として使うことができます。

　PPDCAサイクルの導入は、議会や委員会において、何を目標に活動を行っていくのか、実際、どのようなことがなされたのか、その結果を振り返り、成果を評価したうえで、次の目標設定を行うという流れのなか、議会活動をより質の高いものへと向上させることにあります。

　対象行為は、議会や委員会としての活動であり、会派や議員個人の活動は含みません。

　期間は、原則として年度内を単位としていますが、収まらない場合は、次年度に継続となります。

　進行管理は、各担当書記がPPDCAサイクル表を用いて、その都度必要事項を記載、更新していきます。サイクル表には、各担当書記の名前を明記し、責任を持たせています。

　更新したサイクル表は、各議員がタブレット型端末から見られるよ

うにしており、ホームページには、計画時と完了時のみのサイクル表を掲載しています。

　また、年4回、定例会の初日に行われる正副議長・正副委員長会議では、3常任委員会の進捗状況を共有し、意見交換を行っています。

　今後の課題として、サイクル表は市民に議会等の活動状況を知らせ、市民からの意見を聞くためのものですから、より頻繁に更新を行うことが必要であり、随時、更新・公表できないかを検討していきます。

　また、PPDCAサイクルでは、議会や委員会が、なぜその事業に取り組むのかを明確にすることも大切ですが、その結果をどのように市政に反映させるのか、「Check（検証）」と「Action（改善）」が最も重要です。ここをいかに充実させるか、そして次の目標設定につなげていくかが課題だと考えています。

（図）PPDCAサイクルの対象行為図

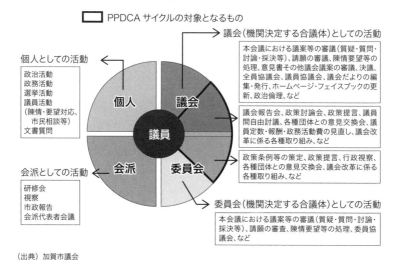

（出典）加賀市議会

4　機能強化［46.反問権・一問一答方式］

46　反問権・一問一答方式

Key Point

議会で質問や質疑をする際、より討議の質を高めるために、条件整備が必要です。一問一答方式や反問権を採用し、論点や争点を明確にした議論を行いましょう。

討議の質を高めるために

　議会において最良の意思決定を導くためには、論点や争点を明確化して議論を深めていくことが大切です。議会は執行部に対して、行政全般などに関する一般質問ができる（個人での一般質問、会派による代表質問に加え、最近では、委員会による委員会代表質問などを行う議会もある）ほか、議案に対して質疑を行うことができます。その討議の質を高めるための条件整備として、一問一答方式と反問権の採用が有効です。

　質問する側も答える側もシナリオ通りに読み上げる「学芸会」のような議会ではなく、執行機関と徹底した討論を繰り広げることは議会の腕の見せどころです。審議内容を深めるために、議会は政策に関する幅広い知見と深い洞察力・質問力が求められるほか、改めて機関競争の重要性を理解する必要があります。

　議会改革度調査では、討議方法の整備状況について確認しています。結果、一問一答方式（本会議）については「導入あり・実績あり」と回答した議会は80％、「導入あり・実績なし」は1％であり、多くの議会で採用していることがわかりました（2017年度時点）。一方、反問権（本会議：逆質問や反論、反論権も含む）については「導入あり・実績あり」と回答した議会は11％、「導入あり・実績なし」は18％、反問権（本会議：質問の趣旨を確認する）につい

175

ては「導入あり・実績あり」と回答した議会は29％、「導入あり・実績なし」は28％にとどまりました。

反問権とは

　論点や争点を明確にするために、一方通行な討論ではなく、相互に議論を交わすことによって内容を深めることが重要です。そのために執行部側に反問権を付与することが求められます。反問権には、執行部側が質問・質疑の意味や趣旨などを再確認するほか、反論することや別の案を意見することが可能なものもあります。そもそも反問権は法令に規定されているものではなく、各議会の議会基本条例などに定めます。したがって、反問権を規定する際は、議会として趣旨や目的・方法を確認して要綱などでまとめるほか、円滑な議事進行のために執行部とのすり合わせが必要となります。

一問一答方式とは

　一問一答方式とは、議案や執行部に関して疑問点や不明な点を1つずつ取り上げ、双方が質問、答弁を繰り返す方法です。これにより、討論を深めることが可能となるほか、傍聴者も何を話しているのか理解しやすくなります。かつて多くの議会で採用されていた一括質問方式は、議事進行上の効率性はあったものの、複数の議題をまとめて質問し回答を求めていたため、論点と争点が不明瞭になるほか、回答ができない部分の言葉を濁して、目立たないようにはぐらかす傾向が見られました。一問一答方式を採用し、場合によっては再質問や再々質問を設けて、論点を絞って質問の核心に迫っていくことが重要です。

4　機能強化［46. 反問権・一問一答方式］

実践例とポイント

［三重県松阪市議会］
反問権と反論権

　議会改革を推進している松阪市議会では、反問権と反論権の双方を要綱にまとめ、議会基本条例において明確な規定を置いています。

　ポイントは、反問権は主に議員の質問に対するものとし、反論権は議員や委員会の提案などに対してするものと区別していることです。論点・争点を明確にし、住民にわかりやすい議論を図ることを目的として、規定する際には専門的知見を活用しながら条文に取り入れられました。

（表）反問権と反論権の違い

・「反問権」とは：議会の審議において、議長又は委員長の許可を得て、議員の質問に対して、問い返すことができる質問権のことをいいます。 ・「反論権」とは：議会の審議において、議長又は委員長の許可を得て、議員又は委員会からの条例の提案、議案の修正、決議等に対して、反対の意見や建設的な意見を述べることができる発言権のことをいいます。

（出典）松阪市議会議会基本条例解説資料

CHAPTER 3 | 改革項目と先進事例

47 議員間討議①

> **Key Point**
>
> 議会は、議事機関であり、議論をして物事を決める場所です。議員間討議について議会基本条例に定めるだけでなく、積極的に実践しましょう。効果的な討議が行えるよう、基本的なルールを定めることも大切です。

議員間討議の意義

議会は議事機関であり、議論をして物事を決める場所です。しかし、従来の議会は、審議という名のもとに、執行部の提案に対して、質問とその応答の場になってしまっています。ほとんどの議会基本条例には、「議会は議員相互間の自由討議を中心に運営する」など、議員間討議の規定が盛り込まれていますが、積極的に実施されていないのが現状です。

議会改革度調査では、議員間討議の導入状況について確認しています。結果、「委員会における議員間討議の導入実績」は、27％にとどまりました（2017年度時点）。また、導入実績のある議会でも、意見が咬み合わない、単なる意見表明のトークショーに終わっている議会が多いように見受けられます。本来的には、議案のメリット、デメリットなどの論点、意思決定するうえで考慮されるべきポイントを多角的に分析し、合意（妥協、新しい提案）を形成し、議会としての意思が明確になり、結果として住民への説明責任が果たせるようになることが求められています。

話し合いの基本

残念ながら、これまで私たち日本人は、学校教育の場で、話し合いのイロハ

178

を学んできていません。2016年「18歳選挙権」導入に際して、総務省と文部省の共同で作成された高校生向け主権者教育の副読本「私たちが拓く日本の未来」には、民主政治は討論によって物事を決める政治であり話し合いの政治だ、と書かれています。そして「話し合いの基本」として、テーマに沿って話をすること、みんなが平等な関係で自由に話し合うこと、があげられています。当たり前といえば当たり前のことです。

　これが現実の議会の話し合いの場で上手くできているかどうか。副読本には次のようにも書かれています。何より、自由に話し合える雰囲気をつくることが大切です。声の大きい人の意見で議論が左右されるようでは参加意欲が低くなり、合意形成に必要な考えの変化をもたらす意見のぶつかり合いが生まれません。そのために、他者の意見をよく聞く、肯定的に聞く、自分の意見を正しく受け止めてもらえるように簡潔にわかりやすく話す、1回の発言でいいたいことは1つだけにする、意見の理由と根拠をいう、人の意見を聞いて自分の意見が変わってもよいなどのルールを設けるなどです。

　自由討議といいながらも、ルールなしのフリートークショーではないということです。

議員間討議が行われる場面

　議員間討議が行われる場面には、次の3つの場面が考えられます。1つ目は、執行部から提案された議案に対する、討論、採決の前提としての論点の整理を行う場面。2つ目は、執行部に対する議会からの政策提言を前提とした、課題の抽出、意見のすり合わせを行う場面。3つ目は、議会として議会運営上の意見のすり合わせを行う場面が想定されます。また、本会議では、議場のつくりや出席人数から、効果的、効率的に議員間討議を行うことは難しいと思います。それに対して、少人数で、机の配置など場づくりも工夫できる委員会でこそ、議員間討議が活発に行われる必要があります。

実践例とポイント

[岩手県久慈市議会]
議員間討議の「政策サイクル」

久慈市議会では、議員間討議による「議会からの政策サイクル」に取り組んでいます。起点となるのは、市民との意見交換会である「かだって会議」です。そして、市民の意見を政策につなげるのが議員間討議です。

(図) 議員間討議の様子

ポイントは、出された市民の意見について、議員間討議により個人レベルの「問題」を議会レベルの「課題」に昇華させている点です。各常任委員会単位で課題設定(総務常任委員会では「世代間交流による活力ある地域社会づくり」など)を行ったうえで、設定課題の現状把握、政策評価を議員間討議で行っています。さらに、課題に対する代替案の研究としての視察も踏まえて、最終的な提言を議員間討議でまとめています。

4 機能強化［48.議員間討議②］

48 議員間討議②

> **Key Point**
>
> 議員間討議で意識したいのは、考えの違いに耳を傾け、意見の多様性
> を知り、新しい知見を得るための「対話」です。ファシリテーション
> スキルなどのソフト面の向上、委員会室などにおける設備のハード面
> の充実が必要です。

「対話」の重要性

　話し合いを表す日本語には、いくつかありますが、議員間討議で意識したい
のは、「対話」です。「対話」とは、違いに耳を傾け、意見の多様性を知り、新
しい知見を得るものです。もしかすると自分の意見は間違っているかもしれな
い、相手の意見がよりよいものかもしれないといったスタンスで話し合いに臨
みます。

　それに対して「討論」は、互いの立脚点を明らかにして、相手を論破する話
し合いのやり方です。前提にあるのは、自分の意見は絶対正しい、相手の意見
は必ず間違っているという考えです。

　相手を否定するばかりの「討論」ではなく、お互いに認め合う「対話」を通
してこそ、新しい気づきやアイデアが生まれてきます。

議員間討議が定着しないボトルネック

　議員間討議が定着しないボトルネックは、大きく２つに分けられると思いま
す。１つは議員の意識とスキルなどのソフトの問題。もう１つは設備などの
ハードの問題です。

　まず、ソフトの問題として、審議を執行部への質疑応答だと思い込んでし

181

まっている、話し合いと聞くと反射的に「討論」になってしまう議員の意識があります。また、話し合いを促進させるファシリテーションのスキルも不可欠です。とりわけ、委員会を仕切る委員長には、このスキルが求められます。多くの議会では、委員長は期数でなることが慣例で、委員会の議論を上手く仕切れるか否かは、委員長の要件に入っていません。経験など場慣れも必要ですが、会議の議論が深まるように進行するスキルが、委員長そして各議員に求められます。

次に、ハードの問題ですが、委員会室に、ホワイトボード、プロジェクター、スクリーンなどの設備が整っていない議会が多いです。特にホワイトボードは、議論が空中戦になり、話が錯綜する状況を、可視化することに効果があります。また、タブレット端末を活用し、検索しながら議論をしていくことで、話し合いの質もあげられます。

議員間討議中に意識しなければならないこと

議員間討議中に意識しなければならないことは、「対話」ができているかどうか？　ということですが、それ以外にも次の6つの問いを全員が意識することが重要になります。

①皆が発言しているか、参加しているか？　②何が事実で、何が意見か？もしかして憶測ではないか？　③あいまいなこと、わからないことをそのままにしていないか？　④対立している点が整理されているか？　⑤話し漏れていることはないか？　⑥何が決まり、何が決まっていないか？　以上の6つです。

人は意識しないと「対話」ができないといわれています。それは、人は、「自分自身」と「自分の意見」を同一視してしまい、本能的に自分の意見を守ろうとし、自分の意見と異なるものに反対してしまうからです。つまり、我々の話し合いは無意識に「討論」になってしまいます。相手の意見の評価、判断を保留し、非があった場合には、謙虚に負けを認めて自分の意見を手放す勇気を持つことが、新しい価値を創造する議員間討議の要諦だといえます。

実践例とポイント

[宮城県柴田町議会]
「ワールドカフェ」で議員間討議

　柴田町議会では、「総合体育館建設」という意見の分かれる課題に対して、議員間討議に挑戦しています。賛否をいきなり表明し合うのではなく、全員協議会の場で「ワールドカフェ（4～5人の少人数のグループに分かれ、参加者の組み合わせを変えながら、自由に話し合うワークショップ）」で「対話」を実施しました。

　ポイントは、問いの立て方です。「この案件に対する疑問点（執行部に確認したい点）は何ですか？」「この案件の論点（意思決定をするうえで考慮されるべきポイント）は何ですか？」「この案件の論点で特に大事にしたい、深めたい論点は何ですか？」の問いで話し合い、その結果、74項目の疑問点と4つの論点が抽出されました。

（図）議員間討議の様子

（出典）柴田町議会

CHAPTER 3 | 改革項目と先進事例

49 所管事務調査

> **Key Point**
>
> 常任委員会の役割には、議案等の審査のほか、自治体に関する事務の調査があります。効果的な調査を行うために、常任委員会ごとに年間テーマを設定し、それに沿って体系的に調査を実施しましょう。成果をまとめ、執行部に提言することも必要です。

所管事務調査とは何か

地方自治法は「常任委員会は、その部門に属する当該普通地方公共団体の事務に関する調査を行い、議案、請願等を審査する」（109条2項）と定めています。つまり、常任委員会は、議案等の審査だけでなく、独自の「調査」を行うことができるのです。

しかし、この調査について、確たる目的を持って体系立てて進めている議会は多いとはいえません。地方創生時代においては住民福祉の向上につながるよう、具体的な成果を目指した調査を行うことが必要です。より効果的な委員会活動を行うためにも、まずは地域の課題を解決するための具体的なテーマを設定しましょう。

具体的なテーマ設定のために

議会改革度調査では、常任委員会における所管事務調査について、年間テーマ（調査事項）を設けて活動しているかについて確認しています。その結果、「年間テーマを設定している」と回答した議会は30％にとどまりました（2017年度時点）。また、「年間テーマの課題に基づく視察を実施している」議会は30％、「年間テーマに関する報告書を作成している」議会は24％でした。

184

4　機能強化［49. 所管事務調査］

　ヒアリング調査を進めるなかで目についたのは、常任委員会で行う「視察だけ」を調査として位置づけている議会でした。住民から「観光旅行」と揶揄されることも多い議会の視察ですが、常任委員会としてテーマをあらかじめ設定し継続的な調査のなかに視察を有意義に位置づけ、報告や提言につなげるのであれば、住民も納得ができるでしょう。

常任委員会としての提言へ

　ところで、所管事務調査における"成果"とは何でしょうか。大阪府八尾市議会では、所管事務調査の報告書を作成し、議会ウェブサイト上で公開することに加え、その報告を執行部への提言につなげています。さらに、執行部からの処理経過と結果報告も合わせてウェブサイトで公開しています。

　議会改革度調査結果によると、「常任委員会における所管事務調査について年間テーマを設け報告書を作成し、執行部への回答請求及びその回答内容の公開を行っている」と回答した議会はわずか3％でした（2017年度時点）。常任委員会の所管事務調査から得られた見識を各議員のなかにとどめるのではなく、常任委員会として報告書を取りまとめ、議会として具体的に提言することで、地域の課題解決につながっていくことが期待されます。

実践例とポイント

［埼玉県戸田市議会］
年間活動テーマと成果

　戸田市議会では、2009年から、常任委員会で年間活動テーマを定めて、調査研究する取り組みを続けています。議会基本条例に「常任委員会は、年間活動テーマを設定し、閉会中においても所管事務調査を実施するとともに、積極的に政策提言を行うよう努めるものとする」（7条）と規定することで、委員会活動を活発に行うことを担保して

いるのです。

（図）委員による発表「みんなの声で変わる図書館」

（出典）戸田市議会

　この取り組みのポイントは、議会ウェブサイト上に、常任委員会ごとに「テーマと成果」を公開していることです。成果は、提言書や条例、意見書などとしています。例えば、あるときの文教・建設常任委員会では、"人の集まる図書館"を活動テーマに掲げ、2年間をかけて図書館改革に取り組みました。この際には、期間を短期（現在の委員任期）・中期（市制施行50年・2016年）・長期（東京オリンピック・2020年）と区切ってそれぞれ目標と活動を設定し、調査・議論を行いました。短期では、子どもの本のそばにママ用の本の配置、飲み物の持ち込み、イベントの開催等、中期では、図書館ビジョン計画の策定、職員の視察研修費の充実等、が提案されました。このように活発な取り組みを続けるなかで、常任委員会は従来原則月1回の開催だったところ、開催回数が増えました。また、中長期的な取り組みの必要性が認識され、委員任期を1年から2年に延長するなど、議会運営の改革にもつながりました。

4 機能強化［50.ホワイトボード］

50 ## ホワイトボード

Key Point

> 議会の会議のなかで、ホワイトボードを使って目的や課題を共有し、
> 議論の過程やポイントを明示することで、議会での議論を「見える
> 化」することができます。会議や日常の話し合いの場で使用できる環
> 境を整え、積極的に活用しましょう。

ホワイトボードはなぜ必要？

　議会改革が進展するなか、議員間や事務局職員、住民など多くの方と対話す
る機会が増えています。その話し合いや会議において意思疎通や合意形成を図
る際、会話の中身を「可視化」しながら確認して進めていくことが肝心です。

　出された意見を議題や争点と照らし合わせながら、ホワイトボードを活用し
てまとめていくことで、参加者全体で議論の進展を確認しながら進めていくこ
とが可能になります。また、意見の整理や合意形成のプロセスをたどることが
できるため、円滑な話し合いの場を生み出すことにも役立ちます。住民との対
話の場の開催や議員間討議など多様な人材と関わる議会改革を進展していくう
えで、ホワイトボードは有効なツールの1つといえるでしょう。

話し合いを可視化するメリット

　議会改革度調査では、ホワイトボードの設置と使用状況を聞いています。そ
の結果、本会議場について「設置あり・使用あり」は1%、「設置あり・使用
なし」は4%、「設置なし」は93%でした。委員会室について「設置あり・使
用あり」は17%、「設置あり・使用なし」は25%、「設置なし」は57%でした。
会派・議員控室について「設置あり・使用あり」は17%、「設置あり・使用な

187

CHAPTER 3 ｜ 改革項目と先進事例

し」は10％、「設置なし」は68％でした。つまり多くの議会では、ホワイトボードを活用していない現状があります（2017年度時点）。

会議の際に起こりうることとして、メモをとるのに必死で話し合いの内容を聞き漏らしたり、会話が空中戦となってしまうため争点や議題が不明瞭になりがちで、今何を話しているかわからなくなり、結論に至らなくなってしまうことがあります。このような事態を防ぐためにも、出された意見の中身を書き出し、ホワイトボード上に可視化していくことが重要です。

また、どのような過程を経てどのような軸を持って導き出された結果なのか、合意形成におけるプロセスを明確にすることで事後確認をできることもメリットの１つです。いわば「会話の地図」を残すことで、参加者全体が積極的に参加し、意見の整理を行うことができ、円滑に合意形成を図ることができるのです。

（表）一般的な紙ベース（次第など）の会議とホワイトボードを活用した会議との比較

一般的な会議（紙を見ながら進む）	ホワイトボードを活用した会議
・紙を確認しながら進むので、自ずと下を向いて話してしまうため、活発な意見交換がしづらい ・メモをとるのに必死で話し合いの内容を聞いていない ・会話の空中戦となってしまうため争点・議題が不明瞭になりがち ・いつのまにか話し合いの中身が脱線して議題や争点に戻れなくなり、議題から逸れたまま話し合いを続けてしまう ・話し合いをしている相手が何を考えて話しているのかわからない	・ホワイトボードを見てはなすことで、自ずと顔が正面を向くので、活発な意見交換が可能になる（話し合いに参加しやすくなるほか、全員が前のめりになって参加できるようになる） ・ホワイトボードに話し合いの内容が可視化されるので、全体で確認しながら進むことができる ・会話の空中戦や脱線を防ぐことが可能になり、争点や議論のポイントが可視化されるので、議題やテーマに沿った議論が円滑にできる ・話し合いのプロセスが可視化されるので、事後確認や振り返りも可能になる

話し合いの内容を事後共有する際は、各自が所有する端末機やスマートフォンなどでホワイトボードの写真をとって共有することが可能になり、簡単に会議の中身を追うことができます。事後確認や共有がしやすくなることで、後に

情報公開の円滑化や透明性に作用し、住民に開かれた議会づくりにもつながります。ホワイトボードはコストパフォーマンスが高く、滑車が付属しており移動も楽に行えて保管場所をとらないことも利点でしょう。

まずは、ホワイトボードを用意して少しずつ会議などで活用してみましょう。単語やキーワードをメモするだけでもかまいません。ポストイットに意見を書き出して貼り出したり、カラーペンで色ごとに整理するのも1つの工夫です。会議の雰囲気が変わり、より参加しやすく効果的になり、今までよりも会議を楽しく感じられるかもしれません。

実践例とポイント

［千葉県袖ケ浦市議会］
議論の見える化

袖ケ浦市議会では、議会改革の一環として議論の見える化を図るため、委員会などでホワイトボードを2017年より導入しています。会議のなかでは、議案に関する課題やポイント、賛成意見や反対意見の要点などをホワイトボードに書き出し、議会としての結論を導くまでのツールとして活用しています。

（図）ホワイトボードを活用して議論を進めている

（出典）袖ケ浦市議会

CHAPTER 3 | 改革項目と先進事例

51 議決事項の追加

> **Key Point**
>
> 2011年の地方自治法改正により、議会は議決する事項を自ら定めることができるようになりました。「基本構想」は自治体の将来像を描いた大切な指針であり、「基本計画」はそれに基づく政策や事業を体系立てて示したものです。基本構想、基本計画などをはじめとして、自治体の重要な計画等を議決事項に定めましょう。

議決事項が追加できるようになった経緯

　最近まで市町村は、まちづくりの長期的なビジョン・目標やそれに沿った指針をとりまとめた「基本構想」をつくることが法的に義務付けられていました。しかし、民主党政権下において地域主権改革が進むなか、2011年の地方自治法改正により、「基本構想」の策定義務がなくなり、市町村ごとの自由度の拡大が図られるようになりました。

　具体的には、「市町村は、その事務を処理するに当たっては、議会の議決を経てその地域における総合的かつ計画的な行政の運営を図るための基本構想を定め、これに即して行うようにしなければならない」（旧地方自治法2条4項）という条文が削除され、地方自治法96条2項が「前項に定めるものを除くほか、普通地方公共団体は、条例で普通地方公共団体に関する事件（法定受託事務に係るものにあつては、国の安全に関することその他の事由により議会の議決すべきものとすることが適当でないものとして政令で定めるものを除く。）につき議会の議決すべきものを定めることができる。」と改正されました。つまり、一部の法定受託事務を除いて、議会の自らの意思で、議決すべき事項を決めることができるようになったのです。

190

基本構想や基本計画など、重要な計画を議決事項に

議会改革度調査では、議会の議決すべき事項の追加の有無と内容について確認しています。その結果、「議決すべき事項を追加している」と回答した議会は82％ありました（2017年度時点）。内訳は、「基本構想を議決事項として追加している」は55％、「基本計画を議決事項として追加している」は32％、「その他について議決事項を追加している」は46％でした。「その他」の内容は自治体によって異なりますが、「都市計画マスタープラン」「地域防災計画」などのほか、長期にわたる重要な計画を議決事項としている議会がありました。議会基本条例を制定している議会においては、同条例中に、追加の議決事項を規定しています。以下、三重県四日市市議会の条例を紹介します。

○三重県四日市市議会 議会基本条例〔抄〕

（議会の議決事件）

第10条 議会は、行政に対する監視機能を強化するため、地方自治法（昭和22年法律第67号。以下「法」という。）第96条第2項の規定により特に重要な計画等を議決事件として加えるものとする。

2 前項の規定に基づく議会の議決すべき事件については、次の各号に掲げるとおりとする。ただし、軽微な変更を除く。

(1) 災害対策基本法（昭和36年法律第223号）第42条第1項に規定する地域防災計画の策定及び変更に関すること。

(2) 水防法（昭和24年法律第193号）第33条に規定する水防計画の策定及び変更に関すること。

(3) 老人福祉法（昭和38年法律第133号）第20条の8第1項に規定する老人福祉計画の策定及び変更に関すること。

(4) 介護保険法（平成9年法律第123号）第117条第1項に規定する介護保険事業計画の策定及び変更に関すること。

(5) 都市計画法（昭和43年法律第100号）第18条の2第1項に規定する都市計画に

関する基本的な方針のうち、全体構想の策定及び変更に関すること。

(6) 市民自治基本条例第18条に規定する総合計画のうち、基本構想及び基本計画の策定及び変更に関すること。

　議会は、住民の代表機関ですから、基本構想や基本計画など、自治体の経営にとって重要な計画を議決事項に定め、議会での議論と意思を反映すべきでしょう。

実践例とポイント

［北海道栗山町議会］
総合計画への関わりを明示

　栗山町議会では、議会基本条例 8 条において「代表機関である議会が、町政における重要な計画等の決定に参画する観点と同じく代表機関である町長の政策執行上の必要性を比較考量のうえ、次のとおり定めるものとする」として、「基本構想」や「総合計画」などを議決事項として定めています。

　注目すべきポイントは、それに加えて「栗山町総合計画の策定と運用に関する条例」において議会との関わりを明文化していることです。例えば、策定手順においては、「多様な方法で町民の参加を推進するとともに、職員の参加、議会による政策提案等を踏まえて総合計画原案」（傍点筆者）を作成することが明記されています。また、計画の見直し等においても議会の関わりや手順が書かれています。このように条例で議会の総合計画への関わりを規定することにより、議案の可否だけに関わるのでなく、策定そのものに議会が関わるプロセスを担保しているのです。

4 機能強化 [52. 自治体計画]

52 自治体計画

> **Key Point**
>
> 総合計画などの自治体計画は、自治体経営における重要な指針です。
> 方向性や内容を議会で検証するとともに、修正案や対案をまとめるこ
> とも検討しましょう。地方版総合戦略も、成果と課題を検証する必要
> があります

なぜ、議会が自治体計画に向き合う必要があるのか

　自治体にはさまざまな計画がありますが、その最たるものが「総合計画」で
す。一般的に総合計画とは、長期的（10〜20年）に思い描く政策の方針をまと
めた「基本構想」や、基本構想に基づく中期的（5〜10年）な行政計画を示し
た「基本計画」、その基本計画のもと、短期的（3〜5年）に実施する具体的
事業を示した「実施計画」の3点により構成されます。いわば、自治体経営に
おける重要な「道しるべ」「舵取り書」です。

　総合計画は、執行部が作成し検証もしているのだから、議会はチェックする
必要がないと思われるかもしれません。しかし、長期的な展望を持ち効率的か
つ具体的な行政運営の指針となる総合計画こそ、住民の代表機関である議会が
関わることが必要です。最近では、総合計画の形骸化や行政による1人歩きを
指摘する声も聞かれます。だからこそ、議会が住民とともに検証する必要があ
るのです。

検証だけでなく対案も

　議会改革度調査では、議会の自治体計画等への対応状況について確認してい
ます。結果、「総合計画などの自治体計画の進捗状況や成果を検証している

193

（総合戦略以外）」と回答した議会は14％、「総合計画などの自治体計画に対案を提出している」は0.5％、「総合計画などの自治体計画に修正案を提出している」は１％、「総合計画などの自治体計画に提言書を提出している」は４％でした（2017年度時点）。

　総合計画に書かれている政策・施策目標設定（具体的数値・目標）やそのための経費として示されている大規模な数値などに対しての妥当性、現状の進捗状況、首長マニフェストと連動した実証性・実現性・達成評価などを把握し、PDCAサイクル（Plan（計画）→ Do（実行）→ Check（評価）→ Action（改善））の視点で検証することが議会には求められます。

　また、計画のチェック機能を果たすだけでなく、計画や政策の修正や対案を出すといった政策立案機能を発揮していくことも大切です。執行部が情報収集して編成したものとは違った視点で総合計画を修正し、民意を反映させる機能が議会に求められます。

　かつて、北海道栗山町議会は、財政縮小時代の総合計画の見通しの甘さに危機感を抱き、執行部が設置した総合計画作成のための審議会と意見交換を重ね、専門的知見を活用しながら議会の修正案を作成しました。結果、審議会は議会の修正案を大幅に取り入れた形で執行部に答申書を提出するに至りました。

地方版総合戦略も検証しよう

　2014年に「まち・ひと・しごと創生法」が施行され、政府は自治体に2015年度中に中長期を見通した「地方人口ビジョン」と５か年（2015〜2019年度）の「地方版総合戦略」を策定するよう方針を出しました。多くの自治体が「地方版総合戦略」を策定し、実行しています。

　しかし、この地方版総合戦略について、議会ではどの程度検証しているでしょうか。調査結果では、「総合戦略の進捗状況や成果を検証している」と回答した議会は15％にとどまりました（2017年度時点）。総合戦略は、これから激変する時代を進むうえで重要な自治体戦略です。議会としても、成果や課題を検証し、議会活動につなげていくことが必要でしょう。

4 機能強化［52. 自治体計画］

実践例とポイント

［長崎県小値賀町議会］
町民とともにつくる議会版総合計画

　小値賀町議会では、執行部から町総合計画策定の話が示された際、策定チームの編成が従来通りの行政中心で編成されていたことに疑問を持ち、「町民と共につくる議会版総合計画づくり」に着手しました。ポイントはこの「町民と共につくる」という議会の姿勢です。

　最初は、公募の形をとったものの町民が集まらず、議員が3班に分かれて住民を説得し、有志の住民を1班につき4人〜5人、合わせて14人、策定作業チームに入ってもらうことにしました。

　これまでの議会で議論を積み重ねてきた政策について、10個の政策テーマを3つのカテゴリーに分け、この内容を中心に具体的な議論を行いました。「10年後の町はどうあってほしいのか」「子どもや孫に帰っておいでといえる町づくりとは」など具体的な問いを繰り返しながら、できるだけやわらかい雰囲気にするよう気を配りながら話し合いを進め、町民と議員が一緒になって計画づくりに取り組みました。

　最終的に、執行部の策定した総合計画とのすり合わせを行いましたが、目標や目標値の立て方に大きな違いが出る結果となりました。議会としては、執行部案について「町民が共に将来に夢を抱き目標を共有できるものではない」ように思いましたが、総合計画の見直し時には「町民と共に策定委員会が立ち上げられる」よう、環境づくりを5年間のうちに行うことを附帯決議として可決し、総合計画を承認することとしました。

CHAPTER 3 | 改革項目と先進事例

53　地域経営に資する取り組み

> **Key Point**
>
> 自治体が社会のさまざまな変化に対応し、課題解決に取り組むうえで、「地域を経営する」観点が重要です。議会においても、個別の議案審査や一般質問だけでなく、中長期的な視点に立って、地域経営に資する調査や政策立案のあり方が求められます。

地域経営に資する取り組みはなぜ必要か

　少子高齢化・人口減少が進み、災害の多発や財政悪化が深刻になるなど、これからの自治体はさまざまな変化に対応しながら「地域を経営する」観点が重要となります。かつての日本は右肩上がりで経済成長をし続け、自治体も次々とサービスを拡大していくことが可能でした。しかし、今や、限られた資源をもとに、いかに魅力ある地域をつくっていくかが問われています。

　人口減少時代となり、自治体間の政策競争は、生き残りをかけてますます激しくなっています。そうしたなかで、二元代表制の一翼を担う議会も、個別課題の質問・質疑だけでなく、将来を見通して具体的に地域経営に資するような調査・提言活動が求められるようになっているのです。

　議会改革度調査では、議会として地域経営に資するような調査・提言活動を体系立てて行っているかについて聞いています（回答は自由記述）。結果、8％の議会が何らかの取り組みを行っていると回答しました（2017年度時点）。なお、ここでの地域経営に資する取り組みとは、人口減少や少子高齢化、財政分析、教育や福祉の政策など、地域の課題を議会として吸い上げ、解決に向け目標を設定し活動している内容を指しています。

議会で実践できる取り組み

　それでは、議会で実践できる地域経営に資する取り組みにはどのようなものが考えられるでしょうか。もちろん、議案審査や所管事務調査、一般質問などは重要な議会活動です。ただ、それ以外にも、中長期的な視点に立って、人口や財政シミュレーションを研究したうえで、自治体の資源や予算にも鑑みながら、これからの地域のあり方を分析し政策立案することも必要なのではないでしょうか。

　民間企業には経営戦略が不可欠ですが、自治体には総合計画があるものの、変化に対応しながら、先手、先手の政策を打っていく姿勢や戦略が求められます。それは、議会にとっても同じことです。

　これからの地域経営を見据え、調査のためのプロジェクトチームを立ち上げたり、人口減少対策や地域活性化に向けた具体的な提言を行う会議を継続的に設けることで、その場限りや、ブツ切りではない、地域経営に資するような取り組みを行うことを検討しましょう。また、議会の強みは、多様な民意を反映させる機能です。執行部任せにするのではなく、住民の生の声を活かした取り組みを行いましょう。

実践例とポイント

［長野県箕輪町議会］
エビデンスに基づく政策提言

　箕輪町議会は、地方創生時代の到来に伴い、議会独自で現状分析を行い、エビデンス（根拠）に基づいた政策を立案し提言することが必要だとの強い認識を持っている議会です。

　箕輪町議会では、2017月に「地方創生・人口減少問題対策等特別委員会」を設け、「RESAS（地域経済分析システム）」を活用して政策

提言につなげる取り組みをスタートさせました。この委員会は、人口の現状を分析しその影響と課題を把握することで、地方創生・人口減少対策について政策提言を行うことを目的にしています。

委員会は大きく分けて、2つの取り組みを行っています。1つ目は、RESASを活用し、議会独自で町の現状を分析することです。RESASは誰でもアクセス可能な分析システムで、人口、産業構造、観光などの分析結果を視覚的にわかりやすく共有することができます。これまで、執行機関にお任せだったデータ収集や分析を、議会が独自で行うこととしたのです。

2つ目は、執行部への政策提言です。分析結果をもとに、地方創生・人口減少対策等の政策を委員会で立案します。その際には、関係団体や町民から意見を聴取し政策に反映することとしました。議会独自で調査を進めるなかで、これからの地域では「女性」と「働く場所」が政策のキーワードとなるとし、専門家の助言のもと分析をさらに進め、人口減少に歯止めをかけるための効果的な政策提言の作成を進めるとしています。

こうした取り組みは、これまでの議会活動ではほとんど見られなかったため、必ずしもすぐに成果が出ないかもしれません。しかし、議会の自力で調査分析を行い総合的な政策にとりまとめることで、結果的に議会の資質向上につながり、未来の地域をつくっていく力につながることでしょう。

4　機能強化［54. 予算と決算］

54　予算と決算

Key Point

議会の総意として、決算審査の結果を次の予算審査に反映できるよう、予算と決算を1つの常任委員会に統合し設置しましょう。議会独自で事業評価を実施して、予算に反映させる仕組みも効果的です。

予算と決算の責任

　地方自治法は、議会の権限として「普通地方公共団体の議会は、次に掲げる事件を議決しなければならない。〔中略〕二　予算を定めること。三　決算を認定すること」（96条）と定めています。一方、執行機関の権限としては「普通地方公共団体の長は、概ね左に掲げる事務を担任する。〔中略〕二　予算を調製し、及びこれを執行すること。〔中略〕四　決算を普通地方公共団体の議会の認定に付すること」（149条）と定めています。つまり、予算も決算も作成するのは執行機関ですが、最終的に決めるのは議会の責任です。しかし、この重大な責任について、議会はどれだけ自覚したうえで、審査・議決しているでしょうか。

　議会改革度調査では、議会の予算・決算に関する取り組みについて確認しています。結果、「予算決算委員会を常任委員会として設置している」は13%、「予算決算委員会を特別委員会として設置している」は52%、「予算・決算に関する委員会で事務事業評価を実施している」は3%ありました（2017年度時点）。

決算と予算を連動させる

　決算と予算の審査については、従来のように常任委員会に分割付託して行う議会が多いのが現状です。しかし、分割付託による審査方法の場合、審査する

199

議員がそれぞれ異なることから、予算を審査した後、その結果である決算を審査することなく、次の予算を審査してしまうことがあります。

　また、予算の修正などがあった場合、審査を分割負託している常任委員会ごとに意見が異なり、同一の予算案内で議会としての賛否が異なってしまうといった矛盾も生じてしまいます。このような状況を回避するためにも、予算と決算の審査を統合し常任委員会として機能させることが重要になります。

　自治体は、結果責任を問われる企業の「決算主義」とは異なり、その会計年度の収入をすべて歳入に計上し、支出を歳出に計上する「予算主義」をとっています。そのため、決算ではなく、予算を重視しがちです。しかし、予算を投入した結果、どのような効果が地域に得られたのか検証することはとても重要なことです。

議会の事業評価

　事業評価は執行部側が行うことが一般的ですが、「議会独自の事業評価」を行う議会もあります。決算審査のなかで、議会が重要だと考えるテーマを抽出し、議会の視点から評価を行うのです。

　例えば、その事業について、目標の達成度、住民ニーズの現状、行政が行う必要性、費用の妥当性などについて評価基準と評価段階（評点を行う場合もある）を設けて評価を実施し、今後の方針や改善点についてまとめます。なかには、住民ニーズの視点から、その事業は必要か否かを検証する「事業仕分け」を行う議会もあります。評価をもとに提言を執行部に提出することで、次の予算に反映させることが期待できます。

実践例とポイント

[大阪府八尾市議会]
決算と予算の連動

　八尾市議会は2015年から予算決算常任委員会を設置し、議長を除く全議員で構成された全体会と分科会で審査する形態をとっています。かつて八尾市議会も旧来の常任委員会への分割付託による審査を実施していました。しかし、決算における課題を予算に反映できないことや予算審査過程で要望した事項が決算で反映されているか確認できないといった問題を抱えていました。そこで、この問題を解決し、議会のチェック機能を高めるため、決算と予算の連動性を担保した審査過程を構築しました。

　主な流れとして①本会議で予算決算常任委員会に議案を付託した後、全委員が出席する前期全体会を開催、②付託された議案を所管する分科会に送付し、議案に対する詳細審査として質疑を実施、③後期全体会を開催し、予算決算常任委員会として最終審査を行い討議するといったものになっています（図参照）。

（図）八尾市議会の審査の流れ

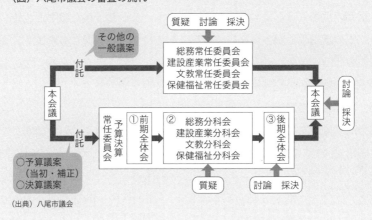

（出典）八尾市議会

CHAPTER 3 ｜ 改革項目と先進事例

55 外部サポート

Key Point

二元代表制の一翼を担う議会は、執行部と比較して議員数も議会事務局数も圧倒的に少ない現状にあります。住民や学識経験者などによるサポート制度、大学との連携、附属機関の設置など、外部からのサポート体制を整え、議会機能を強化しましょう。

外部サポートの必要性

　地方自治法は、「普通地方公共団体の議会は、議案の審査又は当該普通地方公共団体の事務に関する調査のために必要な専門的事項に係る調査を学識経験を有する者等にさせることができる」（100条の2）と定めています。地方分権の流れを経て2006年改正により追加されたものですが、はたして、どれくらいの議会がこの制度を活用できているでしょうか。

　地域間の政策競争が行われる地方創生時代においては、二元代表制の一翼を担う議会の役割もさらに大きくなっています。しかし、執行機関と比較してみると、その議員数や議会事務局職員数は非常に少ない状況にあります。また、法務の専門的知識を持つ人材も限られており、専門スタッフを増やすには自治体の予算が厳しいのが実情です。そこで、外部からのサポート体制を整えることが、現実路線の対応として求められています。

　議会改革度調査では、外部からのサポート体制の状況について確認しています。結果、「特になし」と回答した議会が9割に達しました（2017年度時点）。活用している議会は、「大学教授などの学識経験者等によるサポート制度がある」と「大学と提携をしている」は2％、「諮問機関や調査機関などの附属機関がある」と「弁護士や公認会計士などの専門職と提携をしている（政務活動

202

費のチェックを除く）」は１％、「住民によるサポート制度がある」は0.4％と、ごくわずかにとどまりました。

議会内部だけで議会機能を強化するには、どうしても限りがあります。外部知見の活用は、法律で担保された仕組みです。調査を充実させるためにも、外部からのサポート体制を整え、積極的に活用しましょう。

大学との連携

外部サポートの活用方法として、大学と提携する議会が増えています。現在、大学においても、地方自治体と協力し、地域に貢献する活動や地域の将来を担う人材づくりが求められています。議会と提携することで、今まさに起こっている地域課題とその解決策を学ぶことができ、教育カリキュラムを充実させることにもつながります。また、議会においても、大学の専門的知見や学生の新鮮な意見を審査や政策立案、議員の資質向上のための研修に役立てることができます。つまり、双方にとってメリットがあるのです。

例えば、滋賀県大津市議会では、同志社大学政策学部・大学院総合政策科学研究科、立命館大学、龍谷大学と、３つの「パートナーシップ協定」を締結しています。龍谷大学においては大学図書館とも連携し、学術情報資料とレファレンス機能を議会が利用することが可能になりました。さらに、ゼミ生と一緒に「女子学生議会」を開催し、若者の視点や女性の感性を活かした提案を議会活動に反映させる試みを行っています。

附属機関の設置

地方自治法では、執行機関に附属機関を置くことができるとしていますが、議会でも独自に附属機関を設置する議会があります。

例えば、埼玉県所沢市議会では、「政策研究審議会」を常設の附属機関として設置しています。議会基本条例で議会が附属機関を設置できる旨を規定し、学識経験者等で構成する審議会は議長の諮問に応じて、①議員研修計画の策定及び実施に関すること、②政策提言に関すること、③その他議長が必要と認め

ることを行うことを可能としています。附属機関を置くことで、執行部に頼らなくても、議会独自の調査や政策提言・立案能力を高めることができるのです。

実践例とポイント

［長野県飯綱町議会］
住民による政策サポーター制度

　学識経験者や大学以外にも連携は可能です。その最たるものが住民の存在でしょう。飯綱町議会では、住民による「政策サポーター制度」があります。きっかけは、合併前に36名だった議員が15名になり、議員だけでは地域からの声を集約できないと危惧したことです。また、議員のなり手不足も深刻な問題でした。

　そこで、「町民の知恵も借りて政策づくりを協働ですすめる」ことを目的として「政策サポーター制度」を創設しました。毎回テーマを議会で設定し、会議を複数回設け、最終的に町長への提言を行います。『子育て支援のまち・飯綱町』と題した提言書では、隣接する長野市の政策と比較することで、延長保育の無料化を実現するまでに至りました。今では、この政策サポーター制度に参加した住民が、議会議員選挙に立候補し当選するという新しい循環も生まれています。

4 機能強化［56. 議会事務局改革］

56 議会事務局改革

Key Point

二元代表制の一翼を担う議会を支えているのは議会事務局です。これ
までの議会事務局のあり方を見直し、議会事務局の機能を強化しま
しょう。人材や方針の充実や発意することを恐れない意識改革に努め
るとともに、「議会局」への変革も検討しましょう。

議会事務局改革はなぜ必要？

そもそも、なぜ議会事務局改革は必要なのでしょうか。地方分権が進むなか
で、地方自治体の自己決定権が拡大し、議事機関である議会の役割は大きくな
りました。また、議会改革が進むなかで議会活動がひろがり、政策立案の補佐
機能や住民とのコミュニケーションの調整役など、議会事務局にもこれまでに
ない役割が期待されるようになりました。

例えば、政策立案の補佐機能としては、条例案の検討における法務の視点か
らのサポートや、政策調査における国や他自治体の動向調査の分析などがあげ
られるでしょう。これまでの「庶務（総務）」や「議事」だけでなく、「法務・
調査」に関する能力がより重視されるようになったのです。

それを受けて議会事務局にも意識改革が求められます。議会事務局は、議員
の御用聞きやお世話係ではありません。ときには発意することも恐れず、議員
と対等の立場で車の両輪となって、地域の課題を主体的に解決していく姿勢が
必要です。

議会事務局の現状と課題

議会改革度調査では、議会事務局職員の人数と改革の取り組みについて確認

205

しています。議会事務局職員の人数は、「1〜5人」が32％、「6〜10人」が26％で、合わせて6割近くを占めました（2017年度時点）。もちろん人口規模や議員定数によっても異なりますが、二元代表制の一翼を担う議会としては、決して十分な数字とはいえないでしょう。

改革の取り組みは、「長期配置（5年以上）を可能としている」（結果的に長期配置の職員がいる場合も含む）は23％、「法務担当職員を配置している」は8％、「職員を増員した」は5％でした。また、「事務局職員向けの研修会に参加している」は83％ありましたが、「事務局の運営方針がある」は12％、「事務局職員の行動指針がある」は5％にとどまりました。

実質的な人事権を首長が握り、せっかく議会事務局に来ても数年でまた執行部に戻ってしまうという厳しい現実があるなかで、どのように優秀な人材を確保し、議会事務局としての方針を定め運営していくかは、とても重要な課題です。

「議会局」への変革

2016年の地方自治法改正により、議会事務局の役割は「庶務」から「事務」へと変更されました。しかし、地方分権から地方創生時代になり、より議会機能の強化が求められるなかで、その役割をルーティンワークとしての「事務」をこなすだけにとどめてよいものでしょうか。

実質的な二元代表制を実現させるためには、政策立案の補佐機能の強化をし、「名は体を表す」との観点からは、まず組織の名称から変えることも必要です。そう気づいた議会は、名称を「議会局」へと変え、議会改革をさらに推進しています。横浜市会議会局、滋賀県大津市議会局、兵庫県明石市議会局などです。

また、議会事務局を強化する取り組みも必要です。岐阜県可児市議会では、議会事務局で6年間つとめた職員が退職した際、議会で「再任用」することにしました。「再任用」を活用することで、議会をよく知る優秀なスタッフを議会事務局に残すことができたのです。横浜市会では、年度ごとに「議会局運営方針」「議会局事業計画書」を作成し、議会ウェブサイトで公開しています。

「議員・市民・行政から信頼される議会局」を掲げ、そのための施策と組織運営を体系立てて推進しています。

実践例とポイント

［滋賀県市議会議長会事務局］
「軍師」を養成

　議会事務局の強化といっても、1つの自治体では予算や人材に限りがあります。そこで、議会同士が連携して、議会事務局を強化する取り組みが進められています。

　滋賀県市議会議長会事務局では、県内13市議会の政策立案機能を強化するため、議会のブレーンである「軍師」としての議会事務局職員を養成するとともに、広域で知識、経験、ノウハウを共有するための「軍師ネットワーク」事業を開始しました。ポイントは、市議会議長会では全国初となる大学との連携です。政策法務相談、講師派遣などで、龍谷大学と締結したパートナーシップ協定に基づき、専門的知見の導入を図っています。全国に有志による議会事務局ネットワークは複数ありますが、市議会議長会を起点とすることで、組織と財源を担保した持続可能性のある活動を行うことができます。

　また、この取り組みは、議会事務局の「共同設置論」への対案モデルともされています。2011年の地方自治法改正により、議会事務局を共同設置することが可能になりました（252条の7）が、共同設置は二元代表制と自治の観点からふさわしくないという指摘もあります。上記の取り組みは、あくまで独立した「議会」同士が連携し、お互いの議会事務局の充実に向けて連携しているのです。

CHAPTER 3 | 改革項目と先進事例

57　議会の連携

> **Key Point**
>
> 執行機関同士の連携は数多くありますが、議会同士の連携はほとんど
> ありません。1つの議会では解決できないような広域の課題、また、
> 議会と議会が協同することで効果があがるような課題などは、議会同
> 士の連携を図ることを検討してみましょう。

少しずつ増えている議会の連携

　自治体同士では、友好都市協定や姉妹都市協定などを結ぶ事例が数多くあり
ます。また、昨今では、広域災害が多発していることから、災害時相互援助協
定などを結ぶ自治体も増えています。また、民間企業においては、企業同士の
コラボレーションを行う事業は、今や日常的に目にする取り組みです。

　一方、議会では、都道府県内や地域内で研修会等の交流や協力はあるものの、
一定の政策や目的について議会同士が連携する事例はこれまでほとんどありま
せんでした。そのようななか、議会同士が公的な提携を行う事例が少しずつ出
てきています。具体的な連携内容は、情報交換や合同調査、人材交流などです。
自身の議会だけでは解決できない広域の課題や、議会同士が協同することで効
果があがるような課題などは、議会同士の連携を図って取り組むことも大切で
す。

都道府県の枠を超えて

　議会の提携については、都道府県の枠を超えて行う議会が出てきています。
例えば、①岩手県久慈市議会と千葉県袖ケ浦市議会、②神奈川県相模原市議会
と東京都町田市議会、③愛知県田原市議会と三重県鳥羽市議会です。

208

①の岩手県久慈市議会と千葉県袖ケ浦市議会の連携は、両議会の活性化と両地域の繁栄を目指し、議会同士の友好交流等を図ることを目的として、2014年に友好交流協定を締結したことから始まりました。議会改革について意見交換を交わすなかで、切磋琢磨し合える関係を築きたいとの思いが締結につながりました。締結後には、久慈市議会の被災経験を踏まえながら、両議会の常任委員会による合同所管事務調査（津波防災教育）も実施しています。

②の神奈川県相模原市議会と東京都町田市議会の連携は、議会を取り巻く今日的な課題に取り組むため、2016年に包括連携協定を締結し、始まりました。境川を挟んで接する相模原市と町田市は、両岸に同じ地名があることなど、その交流の歴史は古く、文化、経済、交通などで密接なつながりがありました。また、市民が相互に交流する生活圏が形成されていました。そのため、両市に共通した課題や問題に対してより効果的に取り組むため、相互に連携をはかりながら、調査研究や人材交流などを行っていくこととしています。

③の愛知県田原市議会と三重県鳥羽市議会は、過去に議会同士が相互に訪問し合い、交流を断続的に続けてきた経緯と、伊勢湾フェリー航路存続問題の際に両市議会が協力して「『鳥羽〜伊良湖航路』の存続に向けた施策を国に求める意見書」を相互で可決し、国土交通大臣政務官へ提出した実績がありました。そこで、より具体的な情報交換などを有効に行うため、2016年に友好交流協定を締結しました。

1つの議会だけでは、どうしても資源は限られてしまいます。しかし、このように公的な議会の提携を結ぶことで、調査や提言活動、人材育成のあり方に幅がひろがり、議会機能の強化につながることが期待されます。

CHAPTER 3 ｜ 改革項目と先進事例

実践例とポイント

［滋賀県大津市議会・草津市議会］
議会の連携協定

　琵琶湖を挟んで隣接する大津市と草津市は、「びわこ大津草津景観推進協議会」が設置されるなど、執行部の間では広域景観の保全に関する連携の動きがすでにありました。しかし、広域的な課題の解決は、執行部だけの役割ではなく、議会にとっても同じことがいえます。

　そこで、大津市議会は同志社大学とのパートナーシップ協定を活用し、大学教授を講師として草津市議会との合同研修会を開催し、議会の広域連携の必要性について理解を深める機会をつくりました。そして、「大津市議会・草津市議会連携推進会議」を設置し、湖上からの景観視察を行い、船上で意見交換するなどの合同調査を進めました。

　そして、2018年2月には、「びわこ大津草津景観推進協議会」の運営にあたって、支障となっていた景観法の運用指針の改正を求めて、両市議会合同で国土交通省に要望活動を行いました。その結果、要望を受けて国が景観法の運用指針を改正する具体的な成果へとつながりました。その後、同年4月には両市議会は協力関係を継続的なものとするため「連携協定」を締結しました。

　ポイントは、単なる情報交換や人事交流ではなく、「具体的な政策テーマ」で連携した点です。両議会合同の研修・調査・提言活動を行うことで、広域的な課題解決という具体的な成果をあげることができました。

攻めの議会事務局〜事務局発の議会改革

滋賀県大津市議会局次長　清水　克士

　当たり前であるが、議会事務局職員も自治体職員である。ところがデキル職員ほど議会事務局へ転入すると、自ら発意しないことが美徳との意識に囚われがちとなる。だが、執行機関では主体的に動こうとしない守りの姿勢は、「指示待ち職員」として批判される。それが正当化される法的根拠などないにもかかわらず、守りの姿勢を美徳とする自治体職場など、今どき議会事務局ぐらいではないだろうか。

　その意味からは、議会改革の一環としての事務局改革にまず必要なのは、事務局職員の意識改革である。これからの事務局職員には、単に「先例」や「申し合わせ」通りに、ルーティンワークとして議事運営をこなすだけでなく、議会改革や政策立案にも主体的に関与しボトムアップしようとする攻めの姿勢が求められるからだ。その必要性は、改革が劇的に進展した議会には、議員だけでなく事務局職員にも「チーム議会」の構成員として議会を支える、いわば「軍師」としての職員が必ずといっていいほど存在することからも明らかである。

　そして、議会改革を全面展開するための、最初の一点突破のポイントは、「議会の見える化」に注力することである。残念ながら市民からの議会に対する評価は決して高くない。それは議会活動自体が市民に認知されていないからである。

　まずは、議会における議論をわかりやすく市民に伝え、議案に対する議員個人の賛否態度を明示することが必須要件である。そのためには、一般質問の補助資料を議場内投影する大型モニターの設置や電子採決システムの導入など、議会の議論の透明性、情報の即時伝達性を高めるには議会ICT化が有効である。

また、大津市議会では会議規則を廃して条例と規程に分離した。それは請願手続など重要な市民の権利に関することを、改廃の直接請求が可能な法形式である条例に規定するとともに、「先例」「申し合わせ」も規程に定めることによって例規化し、議会運営ルールの見える化を図るためだ。

　議会ICT化や議会法制の市民目線での見直しなどは、事務局主導で行う改革の突破口としてふさわしいであろう。議員でなくとも発意して実現できること、やるべきことは事務局職員にも山積している。

　もちろん、議会の意思を決められるのは民主的正統性を持つ議員だけであるが、事務局職員も議員のお世話をするために配属されているわけではない。その主たる任務は、議会の監視機能と政策立案機能を高めるための補佐業務である。そしてその意識が議会全体に浸透すれば、必ずや議会改革は進展するとともに、「議会事務局」はルーティンワークをこなすだけではない、議会の参謀組織としての「議会局」へと進化するはずである。

（図）議会改革について講演活動中の筆者

4　機能強化［58. 災害時の行動指針］

58　災害時の行動指針

Key Point

近年、地震や噴火、大雨による水害など、さまざまな災害が全国各地で起きています。非常事態において、自治体そして議会が的確に対応できるためには「行動指針」が必要です。あらかじめ非常事態における議会のあり方を議会内で議論し、行動指針を定めましょう。それに基づく訓練や検証を行うことも大切です。

行動指針はなぜ必要？

2011年3月に東日本大震災が起きました。その後も全国でさまざまな災害が多発していることもあり、近年、議会としての非常事態の対応のあり方が注目されるようになっています。

災害対策基本法は自治体に地域防災計画を定めることを規定していますが、現状では各自治体の地域防災計画のなかに議会に関する記述はほぼないといわれています。議会として災害対応（防災、減災、発災時、復旧、復興）にどのように関わるのか、議会自身が議論し、行動指針等を定める必要があります。

自治体は、首長と議会の二元代表制をとっていることから、非常事態においても「議事機関」としての議会の機能を担保することはとても重要です。

訓練、そして検証が大切

議会改革度調査では、災害時など非常事態における議会の行動指針の制定状況と、その訓練や検証の実施状況について確認しています。結果、45％の議会が「行動指針を定めている」と回答しました（2017年度時点）。内容・名称は、「災害時行動計画」「議会災害対応指針」「災害対策連絡要綱」「大規模地震対応

213

マニュアル」「危機発生時における議会の対応に関する申し合わせ」など、さまざまです。

　しかし、上記の何かしらの行動指針を定めている議会のうち、「訓練も検証も行っている」と回答した議会は9％にとどまりました。行動指針を定めるだけでは、絵に描いた餅になってしまう可能性があります。いざというときに議会として行動ができるよう、計画的に訓練を行い、見直しが必要な点は検証をして、行動指針をバージョンアップし続けることが肝心です。

議会BCP（業務継続計画）をつくろう

　業務継続計画（BCP（Business Continuity Planning））とは、「災害時に行政自らも被災し、人、物、情報等利用できる資源に制約がある状況下において、優先的に実施すべき業務を特定するとともに、業務の執行体制や対応手順、継続に必要な資源の確保等をあらかじめ定め、地震等による大規模災害発生時にあっても、適切な業務執行を行うことを目的とした計画」（内閣府ウェブサイト）のことをいいます。

　この業務継続計画は、元々は民間企業から取り組みが始まり、現在では自治体での策定が進んでいますが、議会独自で定める例（議会BCP）もわずかながら増えつつあります。

　災害時に議員がバラバラに行動したり要望したりするだけでは、執行部の混乱を招きかねません。非常事態においても「議事機関」として機能できるよう、議会や議員としての行動方針、執行部との関係、業務継続の体制と活動基準などを整理し、より実践に沿った内容（計画段階から、災害経験者のアドバイスを取り入れることも有効）を体系立てて具体的に定めることが必要でしょう。

4 機能強化 [58. 災害時の行動指針]

> 実践例とポイント

[滋賀県大津市議会]
全国初の議会BCP

　大津市議会は、2014年3月に地方議会初となる議会BCPを策定しました。策定までには、各会派の代表で構成する政策検討会議で議論を重ねるとともに、同志社大学の新川達郎教授の知見を活用しました。

　大津市議会の議会BCPには、行動方針や活動基準のほか、情報の的確な収集ツールとして全議員に配布してあるタブレット端末の活用方法まで細やかに規定されています。また、防災訓練やBCPの見直しについても定めています。

　この取り組みのポイントは「実践ありき」です。大津市議会では、議場での防災訓練の実施に加え、避難所運営訓練も実施し、より計画の実現性を高めるため内容の改正も重ねています。また、ICT活用として、タブレット端末を利用したFaceTimeの使い方や災害写真の共有方法までわかりやすくマニュアル化しています。

　昨今では、大津市議会の議会BCPを見本として、独自のBCPを定める議会が増えつつあります（神奈川県横須賀市議会、滋賀県長浜市議会、北海道芽室町議会など）。

（図）議場を使っての防災訓練（左）、避難所運営訓練（右）

（出典）大津市議会

CHAPTER 3 | 改革項目と先進事例

59 政治倫理

Key Point

二元代表制の一翼を担う議会の議員には大きな権限があります。その地位による影響力を特定利益のために不正に行使するなど、議員のモラルハザードを防ぐためにも、議員自らが政治倫理条例を制定することが必要です。

なぜ政治倫理が必要か

政治倫理とは、住民の代表者である政治家が持たなければならないモラルや姿勢など実定法では触れることができない範囲を規定した「行動規範」です。実定法では制限できない規範であることから、法的拘束力がなく明確な罰則規定や効力はありません。

しかし、首長とともに、税金をはじめとする公共財の集約方法や使途について巨大な権限を住民からの信託で負託されている議会議員は、罰則規定の有無に関わらず、透明性の確保と説明責任を果たすことが求められます。

昨今、政務活動費の不正使用など「政治とカネ」が問題視されるほか、議員が持つ権限の大きさを利用して職員をはじめとする関係者に対し、精神的に圧力をかけるパワハラやセクハラに近い行動をしてしまうなどといったモラルや品位を逸した不誠実な政治活動・姿勢が問われています。さらに議員が違法薬物を使用する事件や詐欺まがいの行為が発覚するなど政治家の資質が問われる事件が発生していることから、住民の代表者という姿勢を問い質すための機能として行動規範の定義が必要です。

議会活動ではない際にも公人としての姿勢が問われる昨今、政治家１人ひとりが、二元代表制を担う存在として自覚するためにも政治の倫理観が重要と

なっているのです。

議員の政治倫理条例を制定する

　政治倫理条例とは、公正で民主的な政治を行うため、政治を扱う者が倫理を遵守するために定められる条例です。日本では、汚職事件の批判などから、1983年に堺市で初めて制定され、その後、全国にひろがりました。そして、1992年の国会議員の資産公開法の制定につながるまでに至りました。

　議会改革度調査では、議員に関する政治倫理条例の制定状況について確認しています。結果、「定めている」と回答した議会は36％でした（2017年度時点）。条例以外であっても、そのほかの規定で定めている議会もあるかと思いますが、住民から信頼を得るクリーンな政治を展開するために政治倫理の規定は不可欠です。

政治倫理条例の内容

　条例の内容は、議会によって異なります。

　政治倫理基準を遵守するための項目として、不正疑惑行為の禁止、地位を利用した金品授受の禁止、公共工事等の有利な取扱いの禁止、職員の採用・人事異動に関する不当な関与の禁止、他団体からの寄付等の禁止、許認可等の有利な取扱いの禁止などがあります。また、工事等に関する遵守事項や資産公開、兼業・兼職報告書の提出、政治倫理審査会等の設置、違反措置に関する規定などにおよびます。

　議会への不信感が高まるなか、議会自らがその立場を律するためにも、議会内での議論を通して、政治倫理条例を定めましょう。

実践例とポイント

［福井県議会］
議会の自浄力を高める

　福井県は2007年に「福井県議会議員の政治倫理に関する条例」を議員提案で制定し、当時制定した議会のなかで最も厳しいと話題になりました。県内の談合問題により、公共に対して県民から厳しい目が向けられていたことから、県民の代表たる福井県議会として、議員、その配偶者又は二親等以内の親族が役員をしている企業等について県が発注する工事等の請負や業務委託契約を辞退することを求めるなど、県民に疑念を抱かせることのないよう努めなければならないとする厳格な規定を明記した条例を制定しました。

　しかし、制定までの過程で、最大会派が分裂したほか、「政治倫理の確立については議会政治の根幹をなす重要な課題であり、検討委員会などで社会的影響などを十分に議論した上で結論を出すべき」と反対の立場からの意見が出るなど難航しましたが、「県議及びその身内が県の請負行為から手を引くことは県民の信頼を得る上で必要」との主張により、制定に至りました。

　制定から10年以上が経過した現在、条例に抵触する可能性のある事件が起きた際は、条例に基づいて政治倫理審査会を設置する措置を講じており、議員の品位と名誉を傷つける行為や自己又は特定の者の利益を図ることのない誠実な議会づくりの大きな柱として機能しています。

4 機能強化［60. ICT 化（パソコン・タブレットの導入）］

60 ICT 化（パソコン・タブレットの導入）

Key Point

パソコンやタブレットなど、私たちの生活の中で ICT 機器は当たり前に存在するツールとなりました。積極的に導入することで議会活動が確実に進化します。本会議場や委員会室で利用できるように、環境を整えることも重要です。

ICT は効果的なツール

　企業や学校など、民間ではさまざまな場面で ICT が活用されています。議会でもパソコンやタブレットを導入することで、ペーパーレス化だけでなく、議会活動全般に役立てることができます。例えば、タブレットなら資料の閲覧に向いていますので、会議の際に手元に置いて、議論のなかで数値等のエビデンス（根拠）を確認できますし、持ち運びにも便利ですから、視察の際に写真や動画で記録を残す、といった使い方もできるでしょう。あるいは、パソコンであれば資料の閲覧はもちろんですが、データの分析作業や資料作成など、より複雑なデスクワークの作業に適しています。

パソコン・タブレットが拡大

　議会改革度調査では、パソコンとタブレットの利用環境について確認しています。その結果、「全議員のパソコン利用」、「全議員のタブレット利用」について「実施中」と回答した議会は、それぞれ10％、14％となっており、前年調査に比べいずれも増加しています（2017年度時点。なお、2016年度の調査では、それぞれ 8 ％、 9 ％）。議会でこれらの ICT 機器を使うことは、もはや珍しいことではなくなってきました。

219

加えて、これらの機器が活用できるルールづくりなど、環境を整えることも欠かせません。調査では会議でのノートパソコン・タブレット等の利用について、その可否と実績状況を、それぞれ本会議と委員会について聞いています。その結果、「可能・実績あり」は本会議では21％、委員会では28％となっており、いずれも前年度よりも5ポイントほど増加しています。このように、環境づくりが徐々に進んできていることが伺えます。

パソコンは苦手…

パソコンやタブレットについて、苦手意識を持っている議員も少なくないでしょう。確かに、これまで使ったことのない議員にとってはハードルが高く感じるかもしれません。しかし、データの分析のような作業は別にして、資料をタブレットで見る程度であれば、それほど難しいことではありません。メールのやりとりや、写真や画像の保存など、簡単なことから始めるとよいでしょう。

また、情報流出などのセキュリティ面が気になって、導入に不安を感じるケースがあるかもしれません。パソコンや重要なファイルにはきちんとパスワードをかける、そしてパスワードも名前や生年月日など推測されやすいものは避ける、といった最低限のマナーは必要ですが、過度に恐れてもきりがありません。議会活動に役立つ便利なツールですから、積極的に取り入れましょう。

実践例とポイント

［岩手県久慈市議会］
災害時のタブレット活用

久慈市は、2016年9月の台風10号により大きな被害を受けました。その際、久慈市議会では被害状況の把握のため、3つの常任委員会が複数の班に分かれ、合同で所管事務調査を実施しました。

このとき議員はタブレット端末などの機器を持って市内の被害状況

4　機能強化［60. ICT化（パソコン・タブレットの導入）］

の確認へ赴き、写真等をGoogleMap等で地図上に見える化を行い、この情報をもとに「緊急要望書」としてまとめ、市長へと要望したのです。

　これは持ち運びやすいタブレットの特性を活かした取り組みであるとともに、もう1つポイントがあります。

　それは、自治体職員は必ずしも地元の出身ではないため、地理に明るくないケースが多く、土砂崩れで道路が通れなくなっている場合、目的地にたどり着くのが困難であることがありました。これに対し、議員は日々地元を回っているためその土地を熟知しており、迂回できるルートや抜け道を使って現場に行くことができたそうです。地元との距離感が近い議員ならではの取り組み例だといえます。

（図）被害状況の見える化のためにタブレット端末を使ってGoogle Mapへプロットした班も

（出典）久慈市議会

CHAPTER 3 ｜ 改革項目と先進事例

61 ICT化（遠隔会議）

Key Point

テレビ会議などの遠隔会議は、移動しなくとも複数の人が会議に参加できるコミュニケーション方法として有効です。現地への視察を補完する方法や意見交換を充実させるツールとして、積極的に活用しましょう。

費用・時間の面で有効

　テレビ会議などの遠隔会議は、ICT機器を使って離れた場所から複数の人が参加できる仕組みとして、民間企業や社会生活で一般的に使われています。この項の最後にある「実践例とポイント」でご紹介するように、議会でも利用する例が少しずつ出てきました。

　現地を訪問する代わりにテレビ会議を使うことで、交通費や宿泊費などの費用も節約できますし、日程調整など準備にかかる事務局職員の負担も軽減されます。遠方へ視察する費用が捻出できない際などに使うのも一案でしょう。一方で、現地を訪問することの重要性はいうまでもありません。先進地を訪れて、調査対象となる施設を実際に利用してみたり、関係者と直接会って話すことで得られる気づきは数多くあります。現地への視察をさらに充実させるため、まずはテレビ会議を使って複数の地域へ聞き取り調査をし、さらに深く学ぶために現地に行く、という組み合わせも有効でしょう。離れた相手と意見交換を気軽に行い、調査研究に活用することも可能です。

　議会改革度調査では遠隔会議の実施・検討状況について確認しています。「実施中」は0.2％、「予定」は1％、「検討中」は3％と少数です（2017年度時点）。会議に応じてくれる相手が必要ですから、まだ議会では遠隔会議の相手

222

4　機能強化［61. ICT化（遠隔会議）］

を探すこと自体が難しい状況といえます。

民間の取り組みも参考に

　一般的に、ICTに関する取り組みについては、他の議会だけでなく民間企業の取り組みが参考になるでしょう。もちろん議会とはさまざまな点で前提が異なりますが、企業は変化の早い環境に適応するため、積極的に新しい技術を導入し、自らを変化させています。遠隔会議についても同様で、離れた拠点同士でのテレビ会議、海外との電話会議などはすでに活用が進んでいます。

　特に、最近は働き方改革の流れとともに、従業員が会社にいなくとも仕事ができるような環境整備が進んでいます。その際には、さまざまなツールを導入していますが、選定の際に重視したポイントなどは議会としても参考になるでしょう。例えば、遠隔会議で欠かせないポイントの1つは音声です。映像は多少乱れてもそこまで支障はありませんが、発言が聞こえなかったり、途切れてしまうと話が進まなくなってしまいます。パソコンを使っている場合にはマイクなどの機器を用意したり、あるいは話し方の工夫が必要になります。このように、議会ではまだ取り組みが進んでいないことについても、民間に目を向けることで、情報が得られることもあります。

実践例とポイント

［滋賀県大津市議会］
テレビ会議で調査を実施

　大津市議会では、先進地を訪問しての視察の代わりに、テレビ会議を使って特別委員会での調査を実施しました。

　会議の相手は神奈川県鎌倉市の担当職員で、大津市議会の議場に設置している150インチの大型スクリーンに映像を映し、各議員は手元のタブレット端末で資料を確認しながら、公共施設マネジメントの取

り組みを調査しました。説明が早口になった際には、少しわかりにくい場面もあったそうですが、運用で十分カバーできる点でしょう。時間的にも費用的にも効果のある方法といえます。

（図）テレビ会議は時間・費用的にも効果がある

（出典）大津市議会

4 機能強化［62.ICT 化（資料の電子化、検索機能）］

62 ICT 化（資料の電子化、検索機能）

> **Key Point**
>
> パソコンやタブレットの導入に伴い、議会でも資料の電子化が少しず
> つ進んでいます。電子化すれば過去の資料を含めて大量の資料をいつ
> でも確認できますし、検索機能があれば調査も効率的になります。資
> 料の電子化を徐々に進めていきましょう。

資料を電子化するメリット

　議会にパソコンやタブレットを導入するメリットは、まずは資料の電子化に
よる紙の削減でしょう。議案や関連資料など、大量の資料に関する紙の購入や
印刷にかかる費用が節約できます。そしてこれまで鞄に入れて持ち運んでいた
資料はいくらでもパソコンやタブレットに入れて持ち歩くことができます。そ
してクラウド上の資料共有サービスを利用すると、インターネットにつながる
端末さえあれば、どこからでも資料を見ることができます。

　また図面や資料など、原本はカラーなのに、費用の節約のため白黒で印刷し
ている場合も多いでしょう。電子ファイルであればカラーで、しかも拡大させ
て見ることもできます。例えば、住民に新しい施設の計画について説明する際
などに使えば、ぐっと伝わりやすくなるでしょう。

　また、議会だけで電子化を進めても、執行部からの資料が紙のままでは効果
が得られません。会議の前に、資料の訂正が起きるたびに再度印刷し、差し替
えをすることは少なくありません。職員の負担軽減のためにも、執行部と歩調
を合わせて進めるとより効果的でしょう。

225

電子化が徐々に進む

　議会改革度調査では、ICT化の取り組みの1つとして、議案資料などの電子化の実施状況を確認しています。その結果、「実施中」と回答した議会は、2015年度は7％、2016年度は10％、2017年度は15％と毎年増加しています。もちろん「実施中」と回答している議会でも、資料をすべて電子化しているわけではありませんし、これまでの紙文化はまだ根強いものがあります。

　それでも、パソコンやタブレットの導入が進んでいることに伴い、電子化の取り組みは進んでいます。そして、「実施予定」は4％、「検討中」は26％となっており、今後もこの流れは続くことが見込まれます（2017年度時点）。まずは参考資料などから徐々に電子化を進めるなどの工夫も考えられるでしょう。

検索できなければ効果は半減

　資料を電子化するもう1つのメリットは、検索機能です。大量の資料からキーワードで該当部分をすぐに見つけることができ、調査が一気に効率化されます。

　ところが、議会ウェブサイトでせっかく資料を公開しているのに、紙資料をスキャンしたファイルをそのまま掲載しているケースがよく見られます。情報共有という観点では好ましいのですが、このままでは検索ができません（スキャンでの保存は画像として認識されるため、文字検索ができないのです）。実際に複数のPDFファイルの中から情報を探そうすると、1つずつ資料を見て探さなくてはならず、むしろ紙で印刷した方が見やすくなってしまいます。情報を探している住民にとっては非常に手間がかかり、見つからなければあきらめてしまうでしょう。元々はWordやExcel等で作成した電子ファイルであることが普通ですから、この点は改善していくべきです。大本のデータから、電子化して保存する習慣をつけましょう。

4 機能強化［62. ICT化（資料の電子化、検索機能）］

実践例とポイント

［東京都北区議会］
資料を横断して検索可能

　北区議会では、会議で使用した資料を、クラウド上のサービスを利用して議会ウェブサイトで公開しています。これにより、ユーザーは手元に資料がなくても、インターネットを通じていつでもどこからでも資料を確認することができます。

　また、この「議会データ検索システム」では議員だけでなく一般区民も複数の資料を横断してキーワードでの検索ができ、効率的に資料を探すことができます。

（図）議会の会議で使用した資料を横断検索できる

（出典）北区議会ウェブサイト（http://www.city.kita.tokyo.jp/gikaijimukyoku/kuse/gikai/kensaku.html）

CHAPTER 3 ｜ 改革項目と先進事例

63 ICT化（データベースの活用）

> **Key Point**
>
> 執行部から提供された情報だけに基づいて審議をしても、充実した議論はできません。議会として、独自の情報源を持つことが重要です。執行部と比べて人数の少ない議会が効率的に調査研究をするために、データベースの活用を検討しましょう。

独自の情報源を持つことの重要性

　本会議や委員会では、主に執行部から提供された情報をもとに議論を進めることになります。しかし、執行部の情報がすべて正しく、十分だとは限りません。執行部に都合の悪い情報は含まれていないかもしれませんし、同じ情報でも議員から見ると違って見えることもあるでしょう。

　十分な審議をするためには、やはり議会としても独自の情報源を持つことが必要です。もちろん、視察や住民との対話、ウェブサイト等を通じて熱心に調査をしている議員や事務局職員も大勢います。しかし、執行部と比べて議会の人数は圧倒的に少ないですから、議会が効率的に調査や研究ができるICTサービスを利用するべきです。例えば、新聞、官報、法令などさまざまな分野で、過去の情報や関連する情報などを手軽に調べることができるデータベースがサービスとして提供されています。

データベースの整備状況は？

　議会改革度調査では、調査研究のためのデータベースについて、それぞれ議員と事務局職員が利用できる環境の整備状況を調査しています。その結果、過去の新聞記事を検索できる「記事検索サービス」は議員が6％、事務局が16％、

4　機能強化［63. ICT化（データベースの活用）］

国の機関紙である官報を検索できる「官報情報検索サービス」は議員が6％、事務局が24％、現行法令や判例要旨などを調べることのできる「法規・判例など法情報に関するデータベース」は議員が6％、事務局が37％、複数議会の議事録を検索できる「会議録の自治体横断検索サービス」は議員が7％、事務局が18％となっています（2017年度時点）。これらは有料のサービスですが、2015年度からの3年間で見ると、すべての利用割合が少しずつ増加している状況です。また、いずれも事務局職員の割合が議員よりも高くなっていますが、議員もこのようなデータベースの利用を積極的に進めるべきでしょう。

ICTはあくまでツール

　ここまでICT化について、「パソコンやタブレットの導入」、「遠隔会議」、「資料の電子化、検索機能」について、それぞれ解説してきました。議会としての同意が必要ですから、タブレット導入など議会内の賛同が得られやすい取り組みから進めることが多いでしょう。実際に、多くの議会がこの段階にいると思います。しかしその次のステップとして、そもそものICT化を進める目的や、基本的な考え方についても話し合い、計画に落とし込むことが必要です。目的が違えば対策は異なりますし、ICT以外の対策になることもあるでしょう。ICTは導入すること自体がゴールになりがちですが、あくまで目的を達成するためのツールであることを忘れないようにしましょう。

実践例とポイント

会議録の横断検索サービス

　それぞれの地域が抱える課題には、共通しているものも少なくありません。例えば、少子高齢化、子育て、観光、地域の担い手不足などについて、多くの議会で議論されています。

　会議録は、地域が抱える課題とその解決に向かう議論の過程が記さ

れた、政策のデータベースだといえます。下記は複数の議会の会議録を、横断して検索できるサービスです。キーワード検索すると、その言葉が含まれる会議録の該当部分を見つけることができます。つまり、同じテーマについて他の議会でどんな議論がされているのかを短時間で調査することができます。

(図) 任意のキーワードで自治体横断で会議録を検索できる

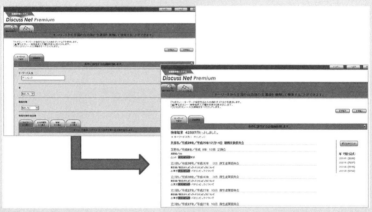

(出典) NTT アドバンステクノロジ株式会社「Discuss Net Premium」

今後も ICT 技術の発展によって、さらに調査研究に活用できるツールが登場してくると考えられます。議会としてアンテナを高くしておくことは必須でしょう。

4　機能強化［64.議会図書室改革］

64　議会図書室改革

Key Point

議会図書室は地方自治法で必ず設置することが定められています。資料を保管するためだけでなく、調査研究や政策立案のために活用できるよう、議会図書室のあり方を見直しましょう。住民に開放するとともに、他の図書館等と連携することもポイントです。

議会図書室は設置しなくてはならない

　議会図書室は、地方自治法で「政府は、都道府県の議会に官報及び政府の刊行物を、市町村の議会に官報及び市町村に特に関係があると認める政府の刊行物を送付しなければならない」「都道府県は、当該都道府県の区域内の市町村の議会及び他の都道府県の議会に、公報及び適当と認める刊行物を送付しなければならない」「議会は、議員の調査研究に資するため、図書室を附置し前二項の規定により送付を受けた官報、公報及び刊行物を保管して置かなければならない」「前項の図書室は、一般にこれを利用させることができる」（100条）と定められています。

　つまり、議会図書室は必ず設置しなければならず、その目的は「調査研究に資するため」です。しかし、現状を見てみると、設置していても利用者はごく限られており、「物置」や「控室」のような扱いになっている議会も少なくありません。それだけ、これまで議会図書室の存在が軽視されてきたのです。

議会図書室のあるべき姿

　議会改革度調査では、議会図書室の状況を聞いています。結果、議会図書室を「設置していない」と回答した議会が10%ありました（2017年度時点）。必

231

置規定があるのに、そもそも設置していない議会が1割もあるのは不思議なことです。

また、設置されていても「ほとんど利用がない」（議員、自治体職員、住民の合算）と回答した議会が46%を占めました。さらに、議会図書室は一般開放が可能となっていますが「住民に開放している」と回答した議会は34%にとどまりました。

議決機関として大きな責任を担う議会がその役割を発揮するためには、調査研究能力、政策立案能力を高めるための環境整備が必須です。なかでも、本来の目的に活用されていない議会図書室の改革は大きな課題といえます。

現在では、そうしたことに気づいた議会から、議会基本条例や議会改革のなかに議会図書室改革をきちんと位置づけ、有効活用できるよう戦略的に変革する議会が増えつつあります。議会図書室は住民にも開放し、地域課題を解決するために役立つ場所へと変えていきましょう。

他の図書館や資料室との連携

議会図書室の充実といっても、ただ単に蔵書やスタッフを増やせばよいわけではありません。自治体の規模によっては予算の問題もあるでしょう。

そこで、最近では、他の図書館や資料室と連携する議会が増えてきました。連携先は、公立図書館、大学図書館、専門図書館、行政資料館等です。連携する主な内容は、書籍の貸出しやレファレンスサービスがあります。レファレンスサービスとは、例えば一般質問や議案審査で調べたい事項について依頼すると、プロの司書が厳選した関連資料を提供してくれる、調査研究にとても役立つサービスです。

さらに、最近では、タブレットを活用する議会も増えており、官報や法情報を紙資料として保管するのではなく、データベースや記事検索など、電子サービスとして活用する議会も増え始めています。

実践例とポイント

[愛知県田原市議会]
公立図書館との連携

　田原市議会図書室は、田原市中央図書館との連携を図っています。

　きっかけは、議会事務局職員が中央図書館の司書に議会図書室の有効活用について相談を行ったことでした。その後、議会へのレファレンスサービスや団体貸出しが試行的に行われ、2016年度から本格的に議会支援サービスが開始されました。議会図書室に関する議員研修会が開催されているほか、レファレンス事例集を作成し全議員が持つタブレットに送信するサービスも行われています。

　また、特徴的な点として、中央図書館での議会展示があげられます。一般住民がより議会に関心が持てるよう「市民と議会との意見交換会」「写真でみる田原市議会」など視覚的にも楽しめる企画展示を行っています。

（図）市立の図書館と議会図書室が連携

（出典）田原市議会

CHAPTER 3 | 改革項目と先進事例

65 議選監査委員の選択制

Key Point

2017年の地方自治法改正によって、議選監査委員を置くかどうかは、各自治体が条例で定められることになりました。議会の監査への関わり方を改めて見直し、議選監査委員の是非とそのあり方を議論したうえで決めましょう。

議選監査委員は置かなくてもよい

皆さんの議会には、議員選出の監査委員はいますか。また、議員選出の監査委員の是非とそのあり方について議論したことはありますか。

監査委員は、地方自治法で「監査委員の定数は、都道府県及び政令で定める市にあつては四人とし、その他の市及び町村にあつては二人とする。ただし、条例でその定数を増加することができる。」（195条2項）と定められています。また、「監査委員は、普通地方公共団体の長が、議会の同意を得て、人格が高潔で、普通地方公共団体の財務管理、事業の経営管理その他行政運営に関し優れた識見を有する者（議員である者を除く。〔中略〕）及び議員のうちから、これを選任する。ただし、条例で議員のうちから監査委員を選任しないことができる」（196条2項）としています。

最後の「条例で議員のうちから監査委員を選任しないことができる」という一文は、2017年の地方自治法改正により追加されました。この法改正は、第31次地方制度調査会のなかで「監査委員はより独立性や専門性を発揮した監査を実施するとともに、議会は議会としての監視機能に特化していくという考え方もあることから、各地方公共団体の判断により、監査委員は専門性のある識見監査委員に委ね、議選監査委員を置かないことを選択肢として設けるべきであ

234

る。」との答申があったことにも起因しています。

　この改正により、二元代表制における監査委員のあり方を見直し、議選監査委員を廃止する議会が少しずつ出てきました。大阪府議会、滋賀県大津市議会、愛知県大府市議会などです。なお、廃止する場合、これまでの議会と監査の関わり方を改めて見直し、議選監査委員の是非とそのあり方を議論する必要があります。

議会と監査の関係を議論する

　議選監査委員制度には、メリットとデメリットがあると指摘されています。

　メリットとしては、議員は予算審査などを経験しているため、自治体の内部事情をよく知ったうえで監査に携われること。また、住民代表としての視点から監査に臨むことができること。さらに、監査委員を経験した議員が、後に自ずと多くの情報量を持って議会での審査に向うことができることなどです。

　一方、デメリットとしては、監査委員には守秘義務が課せられることから、本業である議案審査に制限が出てしまうこと。また、議員の身分を残したまま執行部の特別職となるため、二元代表制の観点から問題視されること。さらに、選任された議員の資質によるところが多いため、監査の専門性が課題となることなどです。

　大切なことは、監査の独立性や専門性を担保しながら、いかに議会で監査の情報を活用するかです。たとえ議選監査委員を廃止したとしても、議会には監査を請求する制度があります。地方自治法は、「議会は、監査委員に対し、当該普通地方公共団体の事務〔中略〕に関する監査を求め、監査の結果に関する報告を請求することができる」（98条2項）と定めているのです。

　このように、議選監査委員のメリットやデメリット、さまざまな監査のあり方を想定しながら、議会内で議論して、その自治体に一番よい監査のあり方を定めることが重要でしょう。

CHAPTER 3 | 改革項目と先進事例

実践例とポイント

［滋賀県大津市議会］
議選監査委員を廃止

　大津市議会は、2018年5月に議選監査委員を廃止しました。議選監査委員の是非について議論ができていない議会が多くあるなかで、そのスピード感ある対応が注目を集めました。

　まず、2017年6月の地方自治法の改正を受けて、その月末には議会運営委員会にて議選監査委員の是非についての検討を開始しました。そして、議会と監査のあり方について大学教授を講師とした議員研修会を開催し、基礎的な知識や問題点を共有しました。さらに、議選監査委員経験議員に対するアンケートを実施したうえで、議選監査委員経験者と議会運営委員との意見交換会を開催し、加えて、識見監査委員とも意見交会を開催しました。そして、各会派での検討・協議などを何度も踏まえたうえで、議選監査委員を廃止することを決定し、条例改正について全会一致で可決しました。

　ポイントは、廃止後の方針をしっかりと定めていることです。議選監査委員を廃止する代わりに、監査委員から議会への情報共有を充実させることとしています。1つは、決算常任委員会全体会における意見陳述・質疑応答の充実で、監査委員の意見陳述のみに対する質疑の時間を設けることとしました。もう1つは、定期監査の結果について、全員協議会で監査の報告を受けるとともに意見交換会を実施するとしたことです。また、議会からも、委員会での調査スケジュールや会議録などを監査委員へ積極的に情報共有することとしています。

　このように、議選監査委員を廃止する一方、議員は議会活動に専念しながら、議会として監査の情報を活用する仕組みを整えています。

4　機能強化［65.議選監査委員の選択制］

（表）大津市監査委員条例の一部を改正する条例新旧対照表

改正前	改正後
（趣旨） 第1条　この条例は、地方自治法（昭和22年法律第67号。以下「法」という。）<u>第200条第2項に規定する事務局の設置及び法第202条に規定する監査委員に関し必要な事項を定めるものとする。</u> <u>（議員のうちから選任する監査委員の数）</u> 第2条　<u>議員のうちから選任する監査委員の数は、2人とする。</u>	（趣旨） 第1条　この条例は、地方自治法（昭和22年法律第67号。以下「法」という。）<u>第196条第1項ただし書、第200条第2項及び第202条の規定に基づき、事務局の設置その他監査委員に関し必要な事項を定めるものとする。</u> <u>（議員のうちから選任する監査委員）</u> 第2条　<u>監査委員は、議員のうちから選任しない。</u>

237

CHAPTER 3 | 改革項目と先進事例

66　多様な人材

> **Key Point**
>
> 地方議会議員選挙で無投票が増えるとともに、定数割れになる議会が
> 出るなど、地方議員の「なり手不足」は深刻な問題です。性別や年齢
> 層などに偏りなく、多様な人材が議員になりやすい環境を整えること
> が急務です。

これからの未来には、多様な人材が必要

　現在の議会は、年齢層が高く男性の割合が非常に高い状況です（詳細は、
「平均期数と年齢」「女性議員の割合」を参照してください）。住民のニーズや
ライフスタイルが多様化した今、住民の代表機関である議会も多様性ある人材
の確保が必須となっています。

　幅広い世代の民意を政策に反映させるためには、高齢者だけでなく、若年層
や子育て世代の声が必要です。また、女性の活躍が国家政策としても重要な位
置づけに置かれるなかにおいては、女性議員を増やすことも重要でしょう。さ
らに、ハンディキャップを持つ方も、福祉制度の改善に際し当事者の視点を議
会に活かすことが可能です。

　これまでの議会のあり方を根本的に見直し、多様な人材を受け入れることの
できる環境を整えましょう。

働きやすい環境のために

　議会改革度調査では、多様な人材が議員になりやすい環境づくりとして、取
り組んでいることについて自由回答で設問を設けています。結果、各地から以
下のとおり、さまざまな内容があがりました（2017年度時点）。

238

4　機能強化［66. 多様な人材］

① 会議規則の変更

　議員の会議の欠席理由をこれまで「事故のため出席できないとき」としていたが、「疾病、出産、育児、看護その他のやむを得ない事由により出席できないとき」と会議規則を改め、若い世代の議員の負担軽減に向け環境を整備した（群馬県桐生市議会）。

② 住民参加の工夫

　政策討論会議会制度検討委員会に公募による市民委員2名が参加し、市議会議員選挙において市民委員経験者2名が立候補した（うち1名が当選）。市民の議会への関心を高めることをも目的の1つとして、広報議会モニター制度を開始（福島県会津若松市議会）。

③ 立候補しやすい環境づくり

　市議を目指しやすい環境整備検討会を立ち上げ、市民が市議会議員を目指しやすい環境整備に向けた改革案を作成して提言を行った（新潟県上越市議会）。

④ 子育て議員への配慮

　子育て世代が議員になりやすくするため、傍聴者専用だった託児室利用を議員も可能にした。議員が保育士を手配する場合の費用負担ルールも取り決めた（鳥取県議会）。

⑤ 女性が活躍する議会

　女性が議員活動をしやすいように、制度、施設面での議会改革を検討する「女性議員による議会改革特別委員会」を設置して調査している（茨城県取手市議会）。

⑥ なり手不足解消へ向け地域と意見交換

　年度事業計画におけるテーマを「議員のなり手不足」とし、解消に向け、地

239

CHAPTER 3 | 改革項目と先進事例

区や各種団体との意見交換を実施した（長野県飯綱町議会）。

⑦　議員報酬の見直し

　幅広い世代の方が議員になれるよう、議員報酬について特別委員会を設置・調査し、議員報酬の引き上げが妥当と結論付けた。結果を議長から町長へ報告し、次期改選期から引き上げされるよう働きかけている（宮城県利府町議会）。

働きがいある魅力的な議会に

　議員になりにくい環境の大きな要因は、汚職や不正などによる議会イメージの低下や首長の追認化による議会不要論にあるといえます。この状況を打開するためにも議会活動の質の向上が求められます。本来、地域のために働きたいと思う人は少なからずいるはずです。そのような人が魅力を感じられるように、まず活動の透明性を担保し、住民とともに歩む議会の姿勢が必要です。

　住民福祉の向上に貢献し、地域経営に資する議会活動を展開することで、住民からの信頼や積極的な参加が得られ、割に合った報酬だけでなく、報酬以上のやりがいを感じられるようになります。属性にとらわれることなく幅広い年齢層や立場の方々が立候補ないし議会活動に前向きに関われるようになることで、議員のなり手不足の解消や議員の多様性へとつながることが可能となるでしょう。

> **実践例とポイント**
>
> [新潟県上越市議会]
> **「市議を目指しやすい環境検討会」を設置、提言へ**
>
> 　上越市議会では、議員のなり手不足解消や多様な人材確保のために、「市議を目指しやすい環境検討会」を設置しました。きっかけは、2016年に実施された市議会議員選挙で、立候補者が定数をわずか2名

しか超えなかったことに、危機感を抱いたことです。立候補した34名のうち40歳未満は３名、女性は１名のみでした。

　そこで、どのようにしたら一般市民が市議会議員を目指しやすくなるのか、議会自身が検討しとりまとめる必要性を感じたことから、議長の諮問組織として「市議を目指しやすい環境検討会」を設置しました。

　その後、約１年をかけて、議論と検討を重ねました。はじめに、検討会メンバーでホワイトボードミーティングを行い、「議員になる気になれない」などの心的課題、「若者や女性が手をあげにくい」などの地域的課題、「選挙費用や報酬、生活の安定」などの物理的課題等に整理し、それらをもとに課題を可視化しました。そして、議員だけの意見に偏らないように市民との意見交換を２回実施したうえで、提言書としてまとめ、2018年３月に議長へ答申を行いました。

　議員のなり手不足は全国共通の課題ですが、議会自身で解決しようとする試みはまだ多くありません。このように、正式な検討会をつくり、具体的な調査や提言を行うことは、議会のあり方を根本的に見直す機会にもつながるでしょう。

議会改革の未来

北海道芽室町議会事務局長　仲野　裕司

　芽室町議会は、「情報公開」「住民参加」「機能強化」の3つのキーワードのもとに議会改革を進めており、なかでも重要視しているのが「住民参加」です。

　昔と違い、少子高齢化社会が進み、国も地方も財政が苦しい現在の状況下では、住民ニーズのすべてには応えられません。「できないものはできない」という説明責任が議員・議会にあり、住民とともに考え、住民の声を政策に反映していくことが必要で、住民と議会がどう意見を交わせるかがポイントです。

　これを実現するための1つのツールとして、各種団体や老人クラブから高校生まで、多様な世代の町民と年間十数回の「意見交換会」を開催し、得られた意見は政策提案・提言につなげるべく、各常任委員会で議論の材料としています。

　しかし、意見交換のテーマである町の政策は町民の未来の暮らしに深く関わる内容なのに、参加されるのは大人ばかり。一方、将来を担うはずの若者は「まちづくりは自分には関係ない」と、地元の魅力をわからないまま進学や就職などで町外へ流出してしまうのです。これでは、地域の貴重な担い手が減少し地方の衰退につながってしまいます。

　地域が未来も輝き続けるためには、まずこうした負のサイクルを断たなければなりません。そこで、若い世代が地域の大人や社会と関わる場に加わり、自分たちの意見を伝え行動し、それが「まちづくり」に繋がることを体感することで、「関係のないまち」が「住みたいまち」へ変わり地元の魅力を知ることができます。こうしたプラスのサイクルを創るきっかけとすべく、世代を超えた対話の場として、議会主催による「未来

COLUMN

フォーラム」を開催しています。

「未来フォーラム」では、これまでに意見交換会などで関わってきた大人から若者まで多様な世代の町民が集い、数人ごとのグループに分かれ、議員がファシリテーターとなって1つのテーマについて語り合います。

フォーラムを通じて、参加者からは「普段対話することが少ない若者（あるいは大人）の考えが聞けて視野がひろがった」「議員や議会の活動がわかりまちづくりにつながっていることがわかった」などのほか、「また参加したい」「こうした対話の場が常にあるとよい」と、次のステージにつながる声が数多く聞かれました。

冒頭述べたように、まちづくりには住民参加が欠かせませんし、そこには若い世代の参画、地域の大人の理解・協力、そして両者の意識を結びつけるための「場」が不可欠と考えます。そして住民参加を進めるには『まちづくり＝行政』という住民意識を変えることが必要で、議員や議会が頑張るだけではなく、いかに住民の理解をひろげ、信頼される議会へ変化できるかが重要で、その点で議会改革は「住民の意識改革」といえます。

「議会が変わることで、住民も変わり、まちが良くなっていく」
——議会改革の未来はそこにあるのではないでしょうか。

CHAPTER 4

議会改革の進め方

改革をどう進めるか

　ここまで議会改革を66項目の観点から事例を交えてご紹介してきました。改革項目はこのように多岐にわたるため、どこから手をつければよいかわからないという議会も多いかもしれません。また、これまで議会改革度ランキングを公開してくるなかで、「私たちの議会はどこの取り組みが不足しているのか」「先進議会は他議会と何が違うのか」といった声を全国の議会の皆さんからいただいたこともありました。

　マニフェスト研究所では、そういった進め方に悩む議会のサポートに少しでもなればと考え、複数ある議会改革項目の取り組み状況を視覚的にわかりやすく比較できる「議会改革度レーダーチャート」を2016年度より作成しています。このレーダーチャートは、あくまでも全体のバランスを見るための参考資料であり、議会改革度調査の実際の配点とは異なりますが、分野や項目ごとにご自身の議会の現状を知り、全国平均・先進議会との比較を行うことができるツールです。

　レーダーチャートは、「情報共有」「住民参加」「機能強化」の3分野の得点率を表現したものとなっています（なお、「基本項目」は配点を行っていないため軸には出さず、「機能強化」は項目数が多いためⅠとⅡに分けて掲載しています。また、議会改革度調査2017の設問項目としているため、本書籍でご紹介する66項目とは多少異なっている箇所があります）。

　図1では、議会改革度ランキングで、3年連続（2015〜2017年度）で1位の北海道芽室町議会と2位の滋賀県大津市議会、全議会の平均値を比較しています。レーダーチャートからは、この2つの議会が全議会の平均と比べて、すべての分野において突出していることがわかります。

245

CHAPTER 4 | 議会改革の進め方

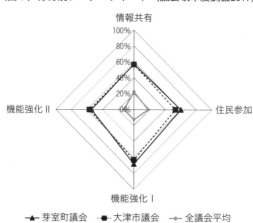

(図1) 分野別レーダーチャート (議会改革度調査2017)

先進議会でも取り組みの内容に差異はある

 それでは、もう少し詳しく見るために、「情報共有」「住民参加」「機能強化Ⅰ」「機能強化Ⅱ」の分野ごとに、項目別のグラフを見てみましょう。項目別に見てみると（図2）、1位の芽室町議会と2位の大津市議会でも、取り組みに違いがあることがわかります。
 「情報共有」においては、例えば、資料の事前公開や動画公開などでは芽室町議会の方が進んでいますが、HPとSNSや広報戦略の取り組みなどでは大津市議会の方が進んでいることがわかります。なお、芽室町議会では政務活動費の支給がないため、視察（政務活動費による視察を含む）の公開、政務活動費の公開、政務活動費の支給とチェックの項目では得点率が低く表示されています。

住民参加の分野の改革にもさまざまなアプローチがある

 次に「住民参加」を見てみましょう（図3）。例えば、住民の発言機会や住民意見の反映などでは、芽室町議会の方が進んでいることがわかります。これ

246

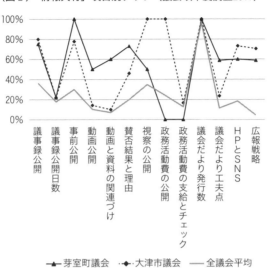

(図2)「情報共有」項目別グラフ(議会改革度調査2017)

は、芽室町議会が、議会において請願・陳情者だけでなく傍聴者の発言機会もあること、議会モニター制度や「ホットボイス」葉書による意見投稿制度があることなどに起因しています。一方、バリアフリーの環境整備やシティズンシップの取り組みなどでは、大津市議会の方が進んでいることがわかります。

議会の機能強化については、先進議会は群を抜いている

続いて、「機能強化Ⅰ」を見てみましょう(図4)。まず、多くの項目において芽室町・大津市議会が全議会の平均を大きく上回っていることが目を引きます。しかし、そのなかでも、議長選挙の公開や所管事務調査の取り組みなどでは、芽室町議会の方が進んでおり、議長選挙の立候補制や議員提案条例の検証などでは、大津市議会の方が進んでいることがわかります。

最後に、「機能強化Ⅱ」を見てみましょう(図5)。こちらも多くの項目で、2つの議会がともに全議会の平均を上回っていますが、自治体計画や外部サポートの取り組みなどでは、芽室町議会の方が進んでいることがわかります。

CHAPTER 4 | 議会改革の進め方

(図3)「住民参加」項目別グラフ(議会改革度調査2017)

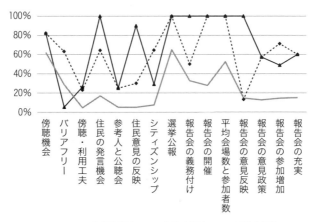

(注)報告会は「住民との対話の場」を指している

(図4)「機能強化Ⅰ」項目別グラフ(議会改革度調査2017)

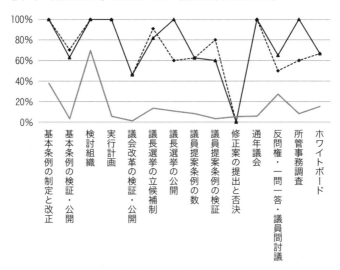

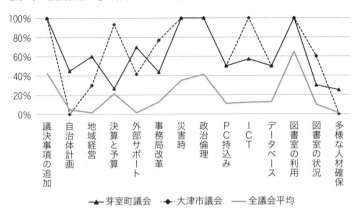

(図5)「機能強化Ⅱ」項目別グラフ(議会改革度調査2017)

一方、決算・予算やICTの取り組みなどでは大津市議会の方が進んでいることがわかります。

このように、全国の議会をリードするトップ2の議会においても、自治体の規模も違えば、その取り組みも異なります。地域のあり方によって議会のあり方は多様でよいのですから、これは当然のことです。

本書籍では、66項目の議会改革項目を紹介しましたが、初めからすべてを網羅する必要はありません。ご自身の議会全体を俯瞰したうえで、まず必要な改革は何なのか、議会内でしっかりと議論したうえで、計画立てて改革を進めていくのがよいでしょう。

チェックシートも活用しよう

今の議会に不足している項目は何なのか、それを見極めるために議会改革度調査の項目に沿って確認することのできる「議会改革度チェックシート」をご用意しました。まずは、以下のチェックシートの項目に沿って、ご自身の議会の現状をチェックしてみましょう。

チェックシートは、「基本項目」「情報共有」「住民参加」「機能強化」の分野ごとに、現状の記入とチェックができるようになっています。「基本項目」以

外の分野は、項目ごとにチェック数を一番右の欄に記入してください。すべての分野でチェックが終わりましたら、チェックシート末尾掲載の「自己診断結果」欄に、全体の合計得点を記入します。目安として、30％未満の分野は、議会改革をすぐにでも必要としている分野といえます。55％未満の分野は、議会改革は道半ばですが、今後の着実な取り組みが期待される分野です。80％以上の分野は、先進議会と胸を張っていえる分野といえましょう。

なお、自己診断結果は、議員任期である4年間にあわせて4回分を記録できるようにしました。経年で結果を比較することで、どの分野でどれくらい議会改革が進んだのか、現状を客観的に把握することができます。

チェック結果に基づいて、特に弱い分野やさらに改善が必要だと思う点は、重点的にその項目のページを参考にして、1つからでもよいですから取り組んでみてください。

そして、全体的に現状と課題を把握することができた議会は、議会改革の実行計画を体系立てて作成し、議会改革を着実に進めていくのがよいでしょう。

CHAPTER 4 ｜ 議会改革の進め方

議会改革度チェックシート

区分	項目	チェック内容	チェック数
基本項目	01. 議員定数	名	－
	02. 平均年齢と期数	（四捨五入して整数で回答／例：55.7→56歳、3.2→3期） 歳、　　　期	－
	03. 女性議員の割合	（四捨五入して整数で回答） ％	－
	04. 議会事務局職員数	（嘱託、臨時の職員も含む） 名	－
	05. 議員報酬	（1人あたり一般議員の月額） 円	－
	06. 政務活動費の支給と増減	（1人あたりの月額、前年度からの増減に○） 円、増額した・減額した・変更なし	－
	07/08. 政務活動費の使途	－	
情報共有	09. 会議録の公開	□本会議だけでなく委員会も公開している □議会ウェブサイトで公開している □キーワードで検索ができる	
	10. 議案関連資料の事前公開	□事前に議会日程・議案名を議会ウェブサイトで公開している □事前に議案本文を議会ウェブサイトで公開している □事前に議案関連資料を議会ウェブサイトで公開している	
	11. 動画公開	□本会議だけでなく委員会も公開している □議会ウェブサイトで公開している □キーワードで検索ができる	
	12. 動画と資料の関連づけ	□議案を動画と関連づけて表示している □議事録へのリンクを動画と関連づけて行っている □関連資料へのリンクを動画と関連づけて行っている	
	13. 賛否結果と理由の公開	□議員個人の賛否結果を公開している □議会としての賛否理由を公開している □議会ウェブサイトで公開している	
	14. 視察の公開	□視察内容の報告（委員会）を公開している □視察内容の報告（政務活動費）を公開している □議会ウェブサイトで公開している	
	15. 政務活動費の公開	□「収支報告書」、「会計帳簿」を公開している □「領収書」を1円から公開している □議会ウェブサイトで公開している	

251

CHAPTER 4 | 議会改革の進め方

情報共有	16. 政務活動費のチェック	□議会事務局によるチェックを行っている □第三者によるチェックを行っている □政務活動費マニュアルを議会ウェブサイトで公開している	
	17. 議会だより	□住民視点のレイアウト・デザインにしている □住民アンケートや住民意見を取り入れる仕組みがある □有識者や専門家の意見を取り入れている	
	18. 議会ウェブサイト	□議会独自でドメインを取得し運営している □住民アンケートや住民意見を取り入れる仕組みがある □有識者や専門家の意見を取り入れている	
	19. SNS	□議会として活用している □運用上のルールを定めている □住民が見たくなるような工夫を行っている	
	20. 広報戦略	□広報の戦略を体系立てて作成している □広報手段ごとに、目的、ターゲット、目標値を設定している □広報手段ごとに、効果を検証している	
住民参加	21. 傍聴機会	□本会議だけでなく委員会も無条件で公開している □名簿の記入手続きを廃止している □傍聴者が資料を閲覧できる環境を整えている	
	22. 傍聴・利用しやすくするための工夫	□議場が住民が参加しやすい場所にある □議場にキッズスペースや親子傍聴席がある □街中など、議会棟以外でも議会を開催している	
	23. バリアフリー	□補助がなくても車椅子で利用できる □聴力補助を備えている □視力補助を備えている	
	24. 夜間・休日議会	□夜間・休日議会の実施を検討している □夜間議会を実施している □休日議会を実施している	
	25. 住民の発言機会	□請願・陳情者の発言機会がある □傍聴者・一般住民の発言機会がある □住民の発言内容を会議録に残している	
	26. 参考人招致	□参考人招致の実施を検討している □委員会で参考人招致を実施している □本会議で参考人招致を実施している	
	27. 公聴会	□公聴会の実施を検討している □委員会で公聴会を実施している □本会議で公聴会を実施している	
	28. 住民意見の反映	□パブリックコメントを実施している □住民アンケートを実施している □住民モニター制度を活用している	

CHAPTER 4 | 議会改革の進め方

住民参加	29. シティズンシップ	□学校への出張・出前授業を実施している □模擬議会、模擬投票、模擬請願を実施している □若者との意見交換会・ワークショップを実施している	
	30. 選挙公報	□議会議員選挙の選挙公報を発行している □議会議員選挙の選挙公報のあり方を検証している □議会議員選挙の選挙公報をインターネットで公開している	
	31. 住民との対話の場の開催	□住民との対話の場を開催している □住民との対話の場を議会基本条例等で規定している □議員・事務局が一体となって運営している	
	32. 住民との対話の場の意見反映	□住民意見の内容を議会ウェブサイトで公開している □住民意見の内容を本会議や委員会で報告している □住民意見の対応状況を議会ウェブサイトで公開している	
	33. 住民との対話の場の意見政策	□政策提言につなげる仕組みがある □政策提言につなげるための進捗や結果を公開している □政策提言が実現し、住民の福祉向上につながっている	
	34. 住民との対話の場の参加増加	□住民が参加しやすい日時・場所で開催している □目的に合わせたテーマ・対象を設定している □これから議会で扱うテーマを設定している	
	35. 住民との対話の場の充実	□対面形式ではなく、グループワーク等を取り入れている □第三者ファシリテーターを取り入れている □ホワイトボードの活用など、運営上の工夫を行っている	
機能強化	36. 議会基本条例の制定	□議会基本条例を制定している □議会基本条例に基づく活動を行っている □議会基本条例に基づく実行計画を作成している	
	37. 議会基本条例の検証	□自己評価を行っている □第三者評価を行っている □市民評価を行っている	
	38. 議会基本条例の改正	□改正に向けて検討を行っている □改正に向けて住民の意見を聞く機会を設けている □時代や課題に合わせた改正を行っている	
	39. 議会改革の検討組織	□検討組織がある □検討組織を議会の正式な組織として位置づけている □検討組織をすべての会派で組織している	
	40. 議会改革の実行計画	□議会改革の目的を議会全体で共有している □議会改革の実行計画を作成している □議会改革の項目ごとに目標値・工程を定めている	
	41. 議会改革の検証	□自己評価を行っている □第三者評価を行っている □市民評価を行っている	

CHAPTER 4 | 議会改革の進め方

機能強化	42. 議長選挙	□議長選挙の立候補制を導入している □立候補者がマニフェストや所信を表明する機会がある □議長選挙の過程を議会ウェブサイトで公開している	
	43. 議員提案条例	□議会や委員会で制定に向けた取り組みを行っている □政策型議員提案条例を制定している □条例制定後に内容を検証する仕組みを担保している	
	44. 修正案の提出と否決	□委員会による修正案を提出している □議員による修正案を提出している □議案を否決した実績がある	
	45. 通年議会	□採用を検討している □採用している □通年議会の効果や課題を検証している	
	46. 反問権・一問一答方式	□一問一答方式を導入している □反問権（質問の趣旨を確認する）を導入している □反問権（逆質問や反論、反論権も含む）を導入している	
	47/48. 議員間討議	□議員間討議をルール化して定めている □議員間討議を実施している □効果的な討議のための工夫（ファシリテーション研修、ホワイトボード設置など）を行っている	
	49. 所管事務調査	□年間テーマを設定している □年間テーマの課題に基づく視察や調査を行っている □年間テーマに関する報告や提言を行っている	
	50. ホワイトボード	□ホワイトボードを設置している □本会議や委員会でホワイトボードを活用している □効果的に可視化するため、付箋等を活用している	
	51. 議決事項の追加	□基本構想の議決を追加している □基本計画の議決を追加している □その他、重要な計画の議決を追加している	
	52. 自治体計画	□自治体計画の進捗状況や成果を検証している □自治体計画に対案や提言書を提出している □総合戦略の進捗状況や成果を検証している	
	53. 地域経営に資する取り組み	□地域経営に資する調査や政策立案を行う組織を設置している □地域経営に資する調査や政策立案のあり方を議論している □地域経営に資する調査や政策立案を実施している	
	54. 予算と決算	□予算と決算を連動させる仕組みがある □予算決算委員会を常任委員会として設置している □事業評価を実施している	
	55. 外部サポート	□大学との連携や、学識経験者等によるサポート制度がある □住民によるサポート制度がある □諮問機関や調査機関などの附属機関がある	

CHAPTER 4 | 議会改革の進め方

機能強化	56. 議会事務局改革	□法務担当職員の量的・質的な強化を行っている □議会事務局としての運営方針を定めている □「議会局」へと名称変更している	
	57. 議会の連携	□議会同士の連携を検討している □議会同士の連携を実現している □具体的な政策提言や議会の機能強化につながっている	
	58. 災害時の行動指針	□災害時など非常事態における議会の行動指針を定めている □実際に訓練を行っている □内容について検証を行っている	
	59. 政治倫理	□議会議員が政治倫理について学ぶ機会を設けている □政治倫理条例を定めている □政治倫理条例の内容を検証している	
	60. ICT化（PC・タブレットの導入）	□議場内でPC・タブレットの利用を可能としている □全議員がPC・タブレットを利用できる環境がある □議論を深めるため議場内でPC・タブレットを活用している	
	61. ICT化（遠隔会議）	□遠隔会議の検討を行っている □大型スクリーン等、遠隔会議を行う環境がある □遠隔会議を実施している	
	62. ICT化（資料の電子化、検索機能）	□資料の電子化を実施している □資料を議会ウェブサイトで公開している □資料を議会ウェブサイト上でキーワードで検索ができる	
	63. ICT化（データベースの活用）	□議員・事務局が記事検索サービスを利用できる □議員・事務局が官報・法情報データベースを利用できる □議員・事務局が会議録自治体横断検索サービスを利用できる	
	64. 議会図書室改革	□議会図書室改革を議会改革の中に位置付けている □議会図書室を住民に開放している □調査研究を充実させるため、他の図書館等と連携している	
	65. 議選監査委員の選択制	□監査のあり方について議論を行っている □議選監査のあり方について議論を行っている □議選監査の是非について見直しを行っている	
	66. 多様な人材	□若者や女性が働きやすい環境を整えている □会議規則の見直しを行っている □多様な人材を確保するための調査・提言・活動を行っている	

自己診断結果					
	チェック年月日	情報共有	住民参加	機能強化	合計
1回目	年　月　日	/36点（　％）	/45点（　％）	/90点（　％）	/171点（　％）
2回目	年　月　日	/36点（　％）	/45点（　％）	/90点（　％）	/171点（　％）
3回目	年　月　日	/36点（　％）	/45点（　％）	/90点（　％）	/171点（　％）
4回目	年　月　日	/36点（　％）	/45点（　％）	/90点（　％）	/171点（　％）

CHAPTER 5

議会改革の展望

早稲田大学マニフェスト研究所事務局長 中村 健

　内閣府が公表している『平成29年度版高齢社会白書』によると、我が国の総人口は、長期の人口減少過程に入っており、2029年に人口１億2,000万人を下回った後も減少を続け、2053年には１億人を割って9,924万人となり、2065年には8,808万人になると推計されています。約30年の間に2000万人以上の人口がいなくなり、東京・名古屋・大阪などの大都市か県庁所在地周辺に人口が集まり、その他の市町村からは人口が減少すると考えられているのです。

　このことから、将来の自治体運営のあり方も現在とは大きく変化しているだろうと予測できますが、二元代表制が大きく変化するとは考えにくいのではないでしょうか。

　その理由は、高知県大川村の事例にあります。

　大川村は2017年５月、「村議会廃止、直接民主主義の町村総会を検討」の報道で名が知れ渡った人口403人（2018年８月31日現在）の小さな村。議員のなり手不足から、議会の代わりに「町村総会」、つまり村民全員（有権者）が参加して議案を採決する直接民主主義を検討するということで話題になりました。
　「議会を廃止してみんなで決める」と聞けばシンプルに聞こえますが、高齢者の多い村で、どう住民に集まってもらい、どう話し合うかなど、法律では決まっていないことが多く、結局、2017年７月には町村総会でなく、議会を維持する方向で検討を進めると発表しました。「どのように集まってもらうのか」、「どこに集まってもらうのか」、「緊急の村政課題には対応できるのか」、「高齢

257

者にインターネット会議などは難しい」等々、議論された後、議会に代わる町村総会を断念したのです。

　筆者は、上記の理由もさることながら、次のような点においても村議会廃止に疑問を持っていました。

　大川村の財政は平成28年度（2016年度）決算額で20億9千5百万円にのぼります。仮に村議会が廃止されたら、これほどの金額の使途を住民が納得するまで議論ができるのでしょうか。また、村の将来の方向性やそれに至るプロセス、いわゆる総合計画や地域経営計画のようなものの合意形成には、簡単に住民総会を開催して説明し終了とはいかず、十分な議論が必要と考えます。この「議論する」という点が今後の議会にはますます求められるのです。住民が納めた税金を何にいくら使うのかという結論を出すことは容易ではありません。1つの方向性を見出すためには、そこへ至った根拠が必要となるからです。住民意見の集約・現地状況の確認・社会環境の変化や未来予測・先進地の実態調査・専門家の意見集約など根拠を立案するためには多様な視点からの議論が必要となるのです。

　これらのことから、同じ情報を持って議論の場に臨まなければ議論にならず、住民が集まって議論をするには、かなり高いハードルが予測されます。形式的に情報共有の環境を整えることができても、実質的な情報共有が理想に近い状態でできるとは考えにくいです。そのため、町村総会の開催は難しいのではないかと筆者は考えていました。

　そうすると、住民が自分たちの代表を選抜し、選ばれた代表者によって議論され、村の方向性や予算の使途などが決められていく方が有効ではないでしょうか。各代表が住民と情報共有を密にとれば、住民全体とやる場合よりも効果的です。すなわち、選挙で選ばれる議員が構成する議会はなくなるどころか、ますます重要になってきます。

　ただし、今回の大川村の事例から学ぶことは多くありました。「もし議会が

なくなったら」という社会への問いかけは地方議会の役割の本質を明らかにする問いであったように思われます。その地方議会の役割とは次の事項です。

① 住民の声を聴く
② 住民の声を議会へ届ける
③ 議会で議論する
④ 議論の先に1つの結論を出す
⑤ 住民へフィードバックする

これら①〜⑤が議会の基本的な役割だと考えています。もちろん、「①住民の声を聴く」を具体的に実行しようとすれば、「誰に」「何を」「どうやって」「いつ」等を細かく選考して実施していかなければならず、それは②〜⑤も同様です。また、今後、急激に変化するであろう社会環境やそれに伴う住民意識の変化により新しい技術の導入などは積極的に行っていかなければならないでしょう。しかし、時代が変化しても民主主義の根幹を成す議会の役割は不変です。

もう1つ、議会の重要な役割があります。

⑥ 住民自治を醸成し育成する

という役割です。

今、「議員のなり手不足」が問題になっている地域が多くあります。議員報酬額などが要因といわれていますが、問題の本質は「住民の地域への無関心」にあるように思います。

自ら税金を納めておきながら、政策や予算規模は役所や議会任せで自分は関心を持たず、不満や問題発生時に意見をいう住民は多いですが、政策や政治の結果（良くも悪くも）はすべて住民が被ることとなることを改めて考え、住民

CHAPTER 5 | 議会改革の展望

の1人ひとりができることから地域へ参画していける風土を議会がつくってい
かなければなりません。

　今後は「住民と一緒に地域の課題解決や未来につながるまちづくりを考える
議会活動」、「住民同士が考える課題解決をサポートする議会活動」、「次世代の
地域の担い手を育成する議会活動」など議会内だけで議論をする議会活動だけ
でなく住民や地域関係者と一緒に活動する議会活動も増加することを期待して
います。

INDEX

A～Z

Facebook	74
GoogleMap	221
ICT 化（遠隔会議）	222
ICT 化（資料の電子化、検索機能）	225
ICT 化（データベースの活用）	228
ICT 化（パソコン・タブレットの導入）	219
LINE	74
PDCA サイクル	135, 142, 157, 173, 194
PPDCA サイクル	173
RESAS	197
Ｓ Ｎ Ｓ	74
Twitter	74
YouTube	51

あ

後払い方式	31, 37
意見箱	108
エビデンス	197, 219
遠隔会議	222
横断検索サービス	229
オープンガバメント	4
オープンデータ	44

か

会議規則	21, 212, 239
会議録の公開	43
会計帳簿	61
会派マニフェスト	165
外部サポート	202
監査	234
監視機能	3
官報	228
議案関連資料の事前公開	46
議員間討議	178, 181
議員提案条例	163
議員定数	13
議員報酬	25
議員報酬モデル	28
議会ウェブサイト	71
議会改革の検証	157
議会改革の検討組織	150
議会改革の実行計画	153
議会基本条例の改正	145

議会基本条例の制定	139
議会局	165, 205, 212
議会事務局改革	205
議会事務局職員数	22
議会だより	67
議会だよりモニター	40, 68
議会図書室改革	231
議会の連携	208
議会 BCP	214
議会不要論	166, 240
議会報告会	118, 132
議会モニター	148
機関委任事務	2, 7
機関競争	ii
議決事項の追加	190
議事機関	2
期数	16
議選監査委員の選択制	234
議長選挙	160
基本計画	190
基本構想	190
共同設置論	207
クラウド	227
グループワーク	112, 132
軍師	207, 211
決算主義	200
決算審査	199
検索機能	45, 226
兼職	27, 95
公聴会	103
広報戦略	78
子育て世代	27, 88, 130, 238

さ

災害時の行動指針	213
災害対策基本法	213
再任用	206
参考人招致	100
賛否結果と理由の公開	55
事業仕分け	200
事業評価	199
自己評価	142, 154, 157
視察の公開	58
自治事務	2, 7

261

自治体計画	193
自治体消滅論	1
シティズンシップ	110
市民評価	143, 154, 157
収支報告書	61
修正案の提出と否決	166
18歳選挙権	99, 110, 179
住民アンケート	68, 70, 106
住民意見の反映	106
住民との対話の場の意見政策	126
住民との対話の場の意見反映	123
住民との対話の場の開催	118
住民との対話の場の参加増加	129
住民との対話の場の充実	132
住民の発言機会	97
出張委員会	90
招集権	169
情報公開請求	61
所管事務調査	184
女性活躍	19
女性議員の割合	19
女性議長	21
シンクタンク	i
人口減少	1, 39, 196, 257
スマートフォン	49, 72, 188
請願・陳情者	97
政策形成サイクル	127
政策サポーター	39, 204
政治とカネ	216
政治倫理	216
政治倫理条例	216
政務活動費の支給と増減	29
政務活動費の使途	32, 36
政務活動費の公開	61
政務活動費のチェック	64
政務活動費マニュアル	35
選挙公報	115
選挙ビラ	116
専決処分	169
善政競争	ii
専門的知見	203
総合計画	192, 195
総合戦略	193, 194

た

第三者評価	143, 154, 157
対話	181
多様な人材	238
男女共同参画	20
地域経営に資する取り組み	196
地域防災計画	213
チーム議会	ii, 163, 211
地方人口ビジョン	194
地方政府	2
地方分権一括法	1, 7
町村総会	6, 257
通年議会	169
出前授業	111, 113
テレビ会議	222
電子化	225
動画公開	49
動画と資料の関連づけ	52
ドゥタンク	i

な

なり手不足	27, 95, 96, 238, 259
二元代表制	2, 9

は

パートナーシップ協定	203, 207, 210
働き方改革	95, 223
バリアフリー	91
ハンディキャップ	91, 238
反問権・一問一答方式	175
避難所運営訓練	215
開かれた議会	5, 7, 83
ファシリテーション	181
ファシリテーター	132
附属機関	158, 202
附帯決議	167
平均年齢	16
ペーパーレス	219
包括連携協定	209
防災訓練	215
報酬等審議会	26, 30
傍聴機会	85
傍聴・利用しやすくするための工夫	88
法定受託事務	2, 7

法務担当職員 ································ 23, 206
ホワイトボード ···········132, 182, 187, 241

ま

まち・ひと・しごと創生法 ········· 194
マニフェスト ······························· 4
マニフェスト大賞 ························· i
ミッションロードマップ ············· 155
模擬議会 ································· 111
「模擬」公聴会 ·························· 104
模擬請願 ································· 111
模擬投票 ································· 111
モラルハザード ························· 216

や

夜間・休日議会 ························· 94
友好交流協定 ··························· 209
予算決算常任委員会 ···················201
予算主義 ································· 200
予算審査 ································· 199
予算と決算 ······························ 199

ら

ランキング ······························· 8
立法機能 ································· 3
領収書 ···························· 37, 61, 63, 66
臨時職員 ································· 24
レーダーチャート ······················ 9, 245
レファレンス機能 ······················ 203
レファレンスサービス ················· 232

わ

ワークショップ ························· 111
ワールドカフェ ···········131, 132, 183
若者議会 ································· 18

263

執筆者一覧

早稲田大学マニフェスト研究所
議会改革調査部会

北川　正恭
（早稲田大学マニフェスト研究所顧問、早稲田大学名誉教授）

中村　健
（早稲田大学マニフェスト研究所事務局長、早稲田大学非常勤講師）

林　紀行
（早稲田大学マニフェスト研究所招聘研究員、環太平洋大学准教授）

佐藤　淳
（早稲田大学マニフェスト研究所招聘研究員、青森中央学院大学准教授）

青木　佑一
（早稲田大学マニフェスト研究所事務局次長、招聘研究員）

西川　裕也
（早稲田大学マニフェスト研究所招聘研究員、NTT アドバンステクノロジ株式会社）

小椋　寛貴
（早稲田大学マニフェスト研究所研究補助者）

永尾　理恵子
（早稲田大学マニフェスト研究所事務局）

早稲田大学マニフェスト研究所とは——
2004年4月、北川正恭（早稲田大学教授・当時）が設立。現在の所長は山田治徳（早稲田大学教授）。マニフェスト型政治の推進、地域経営の視点から考える地方政府の確立、それを支える学術的研究に取り組んでいる。「シンクタンク」だけではなく「ドゥタンク」機能を目指し、全国の自治体と連携して、議会改革度調査や人材マネジメント研究等を行っている。

サービス・インフォメーション
―――――――――――――――― 通話無料 ――――
①商品に関するご照会・お申込みのご依頼
　　　　　TEL 0120(203)694／FAX 0120(302)640
②ご住所・ご名義等各種変更のご連絡
　　　　　TEL 0120(203)696／FAX 0120(202)974
③請求・お支払いに関するご照会・ご要望
　　　　　TEL 0120(203)695／FAX 0120(202)973

●フリーダイヤル(TEL)の受付時間は、土・日・祝日を除く
　9：00〜17：30です。
●FAXは24時間受け付けておりますので、あわせてご利用ください。

66の改革項目と事例でつかむ
議会改革実践マニュアル

平成31年1月30日　初版発行

編　著　早稲田大学マニフェスト研究所　議会改革調査部会
発行者　田　中　英　弥
発行所　第一法規株式会社
　　　　〒107-8560　東京都港区南青山2-11-17
　　　　ホームページ　http://www.daiichihoki.co.jp/

66議会改革　ISBN978-4-474-06518-5　C0032　(5)